Op weg naar Vrijheid

Deel 2

Op weg naar Vrijheid

Een pelgrimstocht in India, deel 2

Door
Swami Paramatmananda Puri

Mata Amritanandamayi Center, San Ramon
Californië, Verenigde Staten

Op weg naar Vrijheid, Deel 2
Een pelgrimstocht in India

Uitgegeven door:
Mata Amritanandamayi Center
P.O. Box 613
San Ramon, CA 94583
Verenigde Staten

—————————————— *On the Road to Freedom 2 (Dutch)* ——————————————

Eerste uitgave door het MA Center: mei 2016

In Nederland:
www.amma.nl
info@amma.nl

In België:
www.vriendenvanamma.be

In India:
www.amritapuri.org
inform@amritapuri.org

Opdracht

Dit boek wordt nederig opgedragen aan
Mata Amritanandamayi,
de Belichaming van de Goddelijke Moeder,
met diepe devotie, respect en eerbiedige begroetingen.

---

gurucaranāmbuja nirbara bhaktah
samsārād acirād bhava muktah |
sendriya mānasa niyamad evam
draksyasi nijahrdayastham devam ||

Wijd je volledig toe aan de lotusvoeten van de guru,
en word spoedig bevrijd van het transmigratieproces.
Aanschouw zo door de discipline van beheersing
                        over de zintuigen en de geest,
de Godheid die in je hart verblijft.

Inhoud

Inleiding

Het is veertien jaar geleden dat deel 1 van "On the Road to Freedom" geschreven werd op voorstel van mijn spirituele leraar, Ammachi, Mata Amritanandamayi. Het was een persoonlijk verslag van de innerlijke spirituele ontwikkelingen en de uiterlijke reis die leidden tot mijn ontmoeting met haar. In deel 1 werd verteld hoe ik, hoewel ik als teenager in Amerika een volkomen materieel leven leidde, in het spirituele leven geïnteresseerd raakte, wat mij uiteindelijk naar Japan, Nepal en tenslotte naar India bracht. De eerste elf jaar in India bracht ik door in het gezelschap van verschillende gerealiseerde mensen, echte heiligen en wijzen die de toppen van spiritualiteit beklommen hadden. Maar in 1979 werd ik door de mysterieuze werking van de Goddelijke Genade naar Ammachi geleid, die een andere, geheel eigen categorie op zich was. Zij was iemand die zelfs op jonge leeftijd een permanente eenheid met God bereikt had.

Nog ongebruikelijker was dat zij uitermate zelfopofferend was. Zij gebruikte haar spirituele kracht om het lijden van zoveel mogelijk mensen te verlichten, beginnend bij hun wereldse problemen om hun uiteindelijk naar spirituele verwerkelijking en gelukzaligheid te leiden. Ammachi had en heeft de kracht om dat te doen. Grote aantallen zijn voor haar geen beperking. Ik heb haar twaalf uur achter elkaar zien zitten, waarbij ze vijfentwintigduizend mensen individueel zegende. Het meest verbazingwekkende is dat al die mensen van hun lijden verlost lijken te zijn of een diepe verandering ten goede in hun innerlijke leven lijken te ondergaan. Ammachi weet wat iedereen die bij haar komt, nodig heeft. Haar kennis is intuïtief en feilloos. De vrede en liefde die zij uitstraalt, zijn niet van deze wereld. Als je haar ontmoet en gadeslaat, kom je tot de conclusie dat de Goddelijke

Moeder echt bestaat en dat zij werkelijk voor haar kinderen en voor deze Schepping zorgt.

Dit boek begint waar het vorige ophield. Het gaat helemaal over mijn leven met Ammachi en bevat veel van haar tot nu toe niet gepubliceerde uitspraken. Het eerste deel werd door velen als een goede inleiding tot Ammachi ervaren voor diegenen die haar nooit ontmoet hadden. In dit deel heb ik geprobeerd om de lezer kennis te laten maken met Ammachi's mysterieuze, maar genadige manier van doen en haar verlichtende onderricht. Als ik daarin maar een klein beetje geslaagd ben, is het enkel door haar genade. Alle fouten komen van mij, terwijl alles wat van waarde is, van haar komt.

Ik ben dank verschuldigd aan Swami Amritaswarupananda voor zijn heldere geheugen bij het voor de geest halen van alle gebeurtenissen bij de bevrijding van de grote toegewijde Ottūr Unni Nambūdiripad.

Mogen allen die Ammachi toegewijd zijn, mij zegenen dat ik in dit korte leven een beetje devotie voor haar lotusvoeten mag krijgen.

Amma dienend,

Swami Paramatmananda
Mata Amritanandamayi Center
San Ramon, Californië
3 januari 2000

Moeder met Swami Paramatmananda - 1980

Hoofdstuk 1

Wie is Amma?

Toen ik voor de eerste keer bij Amma kwam, kon ik niet vermoeden dat ze in heel India en over de hele wereld zo bekend zou worden. Ik dacht dat wij, de paar mensen die bij haar woonden in het kleine dorpje Vallickavu, voor altijd van haar gezelschap zouden kunnen genieten. Maar toch gaf Amma in de loop der jaren veel aanwijzingen over de toekomst. Toen ik op een avond door de ashram liep, werd ik getroffen door de uitzonderlijke verandering vanaf het simpele begin in de "goede oude tijd" tot de huidige ashram. Wat begonnen was als een kleine hut van kokospalmbladeren, waarin vier van ons woonden, was nu een geweldig gebouwencomplex geworden, waarin honderden bezoekers gehuisvest werden. Op een dag in de beginjaren toen Amma en ik voor de meditatieruimte zaten die op het terrein uitkijkt, wendde zij zich tot mij en zei: "Een paar dagen geleden zag ik in mijn meditatie dat er hier veel kamers ontstonden, iedere kamer vol spirituele aspiranten die meditatie beoefenen."

"Hoe is dat mogelijk, Amma?" merkte ik op. "We hebben niets waarmee we grond kunnen kopen. Zelfs als we door een wonder de grond konden krijgen, waarvan zouden we dan kamers kunnen bouwen?"

"Zoon, God heeft ondoorgrondelijke wegen. Als het Zijn wil is, zal Hij het zelf organiseren. Het is aan ons om Zijn wil te volgen en onze plicht te doen."

Kort hierna kocht een toegewijde het land aan de voorzijde van de ashram en gaf het aan Amma. Spoedig daarop nam een andere toegewijde het op zich om met een gebouw te beginnen dat zich geleidelijk tot de huidige tempel en het gastenverblijf van de ashram ontwikkelde. Amma's woorden bleken profetisch te zijn.

Omdat er in die tijd weinig dagbezoekers kwamen, kon Amma meestal buiten onder de bomen zitten om te mediteren of op een ongedwongen manier met de toegewijden te praten. Nu er honderden, zelfs duizenden toegewijden uit alle werelddelen regelmatig de ashram bezoeken, geeft Amma alleen op vaste tijden *darshan*. Darshan is de tijd dat zij zich beschikbaar stelt voor hen die haar willen zien, en om naar hun problemen te luisteren. Op andere tijden kan ze moeilijk haar kamer uit, want zodra ze dat doet, verzamelt er zich een grote menigte mensen om haar heen om haar zegen te vragen voor hun inspanningen en om verlichting te vragen van ziekte en leed.

Amma wordt over de hele wereld gerespecteerd als één van de weinige in leven zijnde en gemakkelijk te benaderen heiligen die blijvend verkeren in *sahaja sam dhi*, de natuurlijke staat waarbij men in de Transcendente Werkelijkheid, het Zelf verblijft. Het enige woord waarmee men Amma passend kan beschrijven is "mysterieus." Je kan jarenlang bij haar wonen en denken dat je alles over haar begrepen hebt, tot je geest plotseling, in haar aanwezigheid, verward raakt en geschokt wordt door haar onvoorspelbare en mysterieuze manier van doen, die uit een transcendente bron voortkomt. De traditie zegt dat alleen een Gerealiseerde Ziel een Gerealiseerde Ziel kan herkennen. Na Zelfrealisatie groeien er geen hoorntjes op je hoofd en je krijgt ook geen unieke, onderscheidende fysieke kenmerken. Wijzen lopen ook niet rond met een bord rond hun nek waarop staat: "Ik ben een bevrijde ziel," hoewel sommige gewone mensen dat wel doen! Waar gewone mensen aanspraak op maken als ze zeggen "bevrijd" te zijn, is niet duidelijk. Het is zeker niet de toestand van bevrijding van identificatie met de geest en het lichaam. Anders hoefden ze ook niet zo'n verklaring af te leggen. In de *Bhagavad Gita* is er een gesprek tussen Heer Sri Krishna en Zijn toegewijde Arjuna, dat precies over dit onderwerp gaat, hoe je een wijze kunt herkennen. Arjuna vraagt:

> "Wat, O Keshava[1], is het kenmerk van een man van standvastige Wijsheid, verdiept in samadhi? Hoe spreekt, zit en loopt zo iemand?"

De Heer antwoordt:

> "Wanneer, O Partha[2], een man alle verlangens van het hart opgeeft en tevreden is in het Zelf door het Zelf, dan zegt men dat hij verankerd in Wijsheid is. Hij wiens geest niet verstoord wordt door tegenslag, die niet naar geluk verlangt, die vrij is van voorliefde, angst en kwaadheid, hij is de man van standvastige Wijsheid. Hij die overal onthecht is, die niet verrukt is als hij iets goeds krijgt, noch terneergeslagen is als hij kwaad tegenkomt, is even-wichtig in Wijsheid."

> Bhagavad Gita, Hoofdstuk 2, vers 54-57

Het is aanmatigend om te proberen Amma een etiket op te plakken omdat we haar toestand van Universele Liefde en Gelukzaligheid niet delen. Wij zijn niet in staat om ononderbroken steeds dezelfde liefde aan grote aantallen mensen te geven zoals zij doet, noch zijn we in staat om voortdurend onze tijd, gezondheid, slaap en comfort op te offeren voor het welzijn van de wereld. We zijn misschien in staat om één of twee goede vrienden of familieleden een klein beetje te helpen als we daar veel tijd en energie insteken. Maar Amma transformeert het leven van iedereen die zij ontmoet. Zij kent en begrijpt het verleden, het heden en de toekomst van

---

[1] Een naam van Krishna.
[2] Een naam van Arjuna.

iedereen die bij haar komt en ze troost en adviseert hen in het licht van die kennis. Zij die zes of acht uur naast haar gezeten hebben terwijl zij geduldig aan tien- of twintigduizend mensen darshan geeft, weten wat ik bedoel. Het is iets dat je moet zien. Het kan niet beschreven worden. Hoewel het moeilijk is om Amma's staat van zijn te begrijpen, zijn er manieren waarop we kunnen inschatten wie zij is. In mijn leven met Amma heb ik verschillende dingen gezien en gehoord die me ervan overtuigen dat degene die wij Ammachi noemen, de Goddelijke Moeder van het Universum is, de Grote Moeder Kali.

Op het eind van de zeventiger jaren en het begin van de tachtiger jaren was er een grote wijze die rondtrok door Kerala niet ver van Amma's dorp. Hij was de eerste die werkelijk begreep wie Amma was en die openlijk verklaarde dat zij de Goddelijke Moeder was. Zijn naam was Prabhakara Siddha Yogi. Hij was een *avadhuta* (een wijze die het lichaamsbewustzijn getranscendeerd heeft), en hield zich daarom niet aan allerlei regels en gewoonten die de mens of de godsdienst ingesteld had. Avadhuta's hebben Godsrealisatie bereikt, wat het resultaat en het doel is van alle regels en geboden in de geschriften. Maar zij bekommeren zich om niemand en brengen hun leven door met genieten van de Hoogste Gelukzaligheid van de eenheid met het Absolute Bewustzijn, wat hun eigen Echte Zelf is. Zulke mensen worden soms als gekken of geesten beschouwd of hun gedrag wordt soms vergeleken met dat van een idioot of een kind. Maar hun handelingen hebben een diepe innerlijke betekenis, waarvan Amma zegt dat die alleen begrepen kan worden door degenen die op hetzelfde niveau van Realisatie zijn als zijzelf. In de oude geschriften zijn veel verhalen over zulke avadhuta's, van wie Jadabharata[3] en Dattatreya[4] de bekendste zijn. Om het publiek op een afstand te houden gaven zij de indruk dat zij onbeschaafde sufferds waren, hoewel zij echt in God gevestigd waren. Deze yogi voldeed precies aan deze omschrijving.

Men kende Prabhakara Siddha Yogi in dit gebied al meer dan honderd jaar. De dorpsoudsten vertelden hun kinderen en kleinkinderen verhalen over zijn bizarre activiteiten. Zijn volgelingen beweerden dat hij meer dan driehonderd jaar oud was en zeiden dat ze dat konden bewijzen met oude documenten van de dorpsoverheid. Of dat waar was of niet, er was geen twijfel over

---

[3] Jadabharata was in zijn vorige leven koning geweest. Hij deed afstand van zijn gezin en zijn koninkrijk en ging naar een bos in noord Nepal om zich te verdiepen in spirituele oefeningen. Hij had een zeer hoge toestand bereikt, maar niet volledige Zelfrealisatie, toen er een ongelukkige gebeurtenis plaatsvond, die hem spiritueel deed terugvallen.
Onder het mediteren hoorde hij een leeuw brullen. Hij opende zijn ogen en zag een angstige, drachtige ree die over een beek sprong. De foetus werd afgestoten en viel in de rivier en het moederhert stierf. Jadabharata kreeg medelijden met het reekalf en redde het. Hij voedde het daarna met veel affectie en zorg op. Jammer genoeg raakte hij eraan gehecht en in zijn laatste ogenblikken waren zijn gedachten alleen bij het hert in plaats van bij God. Als gevolg hiervan werd hij onmiddellijk wedergeboren als hert. In zijn leven als hert kon hij zich de gebeurtenissen uit zijn vorige leven herinneren door de goede effecten van zijn spirituele oefeningen. Hij verliet daarom zijn moeder en keerde terug naar zijn vorige ashram. Hij bleef daar terwijl hij aan God dacht en zijn dood afwachtte.
In zijn volgende leven als zoon van een brahmaan herinnerde hij zich ook alles. Hij gedroeg zich als een idioot zodat iedereen hem vermeed. Op deze manier raakte hij aan niemand gehecht en werd hij niet afgeleid van Godsrealisatie.
[4] Dattatreya was de zoon van een wijze en werd als een van de oude incarnaties van Heer Vishnu beschouwd. Hij leefde als avadhuta en instrueerde beroemde koningen uit die tijd in spiritualiteit. Hij is bekend om zijn verhandeling tegenover Koning Prahlada, waarin hij vierentwintig soorten schepsels vergeleek met vierentwintig verschillende soorten spirituele principes. Er wordt gezegd dat hij nog in leven is en aan zijn oprechte toegewijden verschijnt.

zijn vreemde en onvoorspelbare gedrag en de spirituele gloed die hem omgaf. Amma vertelde ons dat hij veel *siddhi's* of bovennatuurlijke vermogens had. Ze sprak met name over zijn gewoonte om één lichaam te verlaten en een ander in bezit te nemen. In de *Patanjali Yoga Sutra's* wordt dit *parasarira pravesa siddhi* genoemd of het vermogen om het lichaam van een ander binnen te gaan.

Er is een klassiek verhaal over een grote Hindu monnik uit de negende eeuw in India, genaamd Shankaracharya. Hij had volledig afstand van de wereld gedaan en beschikte over deze siddhi of dit vermogen. Hij was een Gerealiseerde Ziel die de suprematie van *Advaita Vedanta* of de filosofie van non-dualiteit bewerkstelligde. Deze filosofie leert dat wat bestaat slechts de Ene Werkelijkheid is, die *Brahman* of het Absolute genoemd wordt, en het is Dat wat verschijnt als God, de wereld en de individuele ziel. Dat is ons Echte Zelf of Ware Aard. Hij schreef uitgebreide commentaren op de *Bhagavad Gita*, de *Upanishaden* en de *Brahma Sutra's*, naast talrijke devotionele hymnen aan God. Dit alles deed hij vóór zijn tweeëndertigste jaar, toen hij in samadhi ging zitten en zijn stoffelijk omhulsel verliet. Tijdens zijn reizen door het oude India discussieerde hij met de grootste geleerden in iedere plaats om de waarheid van Advaita te bewijzen. Op een dag werd hij door een vrouwelijke geleerde uitgedaagd voor een debat over de wetenschap van de erotiek. Omdat hij vanaf zijn geboorte celibatair leefde, had hij geen kennis over het onderwerp en vroeg daarom om een maand tijd om het debat voor te bereiden. Hier stemde de vrouw mee in.

Omdat Shankaracharya een wereldleraar en *sannyasi* (monnik) was, was hij niet van plan om de roeping van zijn leven een slechte naam te geven. Daarom zocht hij een andere oplossing. Toen hij erachter kwam dat de plaatselijke koning net gestorven was, vertrouwde hij zijn eigen lichaam aan de zorg van zijn leerlingen toe. Hij ging in een yogatrance, verliet zijn eigen lichaam en ging het lichaam van de koning binnen. Natuurlijk was iedereen verrast toen zij zagen dat de koning opnieuw tot leven kwam, maar zij waren niettemin verheugd dat hij terug was, vooral de koninginnen. In dit "nieuwe" lichaam gaf Shankaracharya zich over aan seksueel genot en verkreeg zo de kennis die hij nodig had. Wonderlijk genoeg merkten de koninginnen en de hovelingen op dat de koning ongewoon intelligent geworden was, veel intelligenter dan voor zijn dood. Daarom kwamen zij tot de conclusie dat een groot yogi het dode lichaam van hun koning was binnengegaan. Omdat zij hem niet wilden verliezen, stuurden zij over het hele land boodschappers die de opdracht hadden om het lichaam van iedere dode monnik te verbranden, zodat de ziel die in het lichaam van de koning leefde, geen plaats had om naar terug te keren. Gelukkig ontdekte Shankaracharya hun plannen en hij keerde net op tijd naar zijn eigen lichaam terug. Hij versloeg toen de vrouw in de discussie met zijn pas verworven kennis.

Op dezelfde manier genoot Prabhakara Siddha Yogi ervan om als avadhuta op deze aarde te leven en hij wilde geen tijd verspillen tussen levens of met het opgroeien na iedere geboorte. Dus wanneer één lichaam oud en zwak werd, verliet hij het gewoon en ging een ander "kant en klaar" lichaam binnen! Zo was hij al veel lichamen in en uit gegaan. Toen Amma over hem hoorde, had zij het verlangen om zo'n wezen te zien en daarom dacht zij eenvoudig aan hem. De volgende dag kwam hij naar haar huis.

"Heeft U mij geroepen?" informeerde hij.

"Ja. Hoe wist je dat?" vroeg Amma hem.

"Ik zag gisteren een schitterend licht op het scherm van mijn geest en begreep dat U mij wilde zien, en dus ben ik gekomen," zei hij.

Deze avadhuta had een zeer slechte reputatie omdat hij vrouwen lastigviel. Hij trok zijn kleren uit, rende hen achterna en probeerde hen te pakken zonder te denken aan de gevolgen. Als hij hierop aangesproken werd, zei hij: "Wat kunnen mij aardse vrouwen schelen? Ik word altijd omringd door een gezelschap van hemelse schepsels, die mij aanbidden! Is het mijn fout dat jullie hen niet kunnen zien?" Op een dag zei hij tegen zijn volgelingen: "Ik voel een klein beetje ego in mijn lichaam. Ik denk dat ik iets moet doen om daarvan af te komen." Hij ging toen naar een dorp in de buurt, informeerde waar de hoofdinspecteur van politie woonde en ging naar zijn huis. Nadat hij op de voordeur geklopt had, stond hij daar te wachten. Uiteindelijk kwam de vrouw van de politieagent naar de deur. De avadhuta nam haar onmiddellijk in de houdgreep! Dit viel natuurlijk niet erg in de smaak bij haar man, die hem beetpakte en naar hartelust afranselde. Hij sloot hem toen op en liet één van zijn armen breken. De yogi verdween de volgende dag op mysterieuze wijze uit de gevangenis en werd ergens anders gevonden, gezond van lijf en leden. Vanwege dit gedrag sloten de vrouwen zich op achter dichte deuren, steeds wanneer hij een dorp binnenkwam, en de mannen sloegen hem of joegen hem weg. Als de lezer zich afvraagt waarom een yogi zich op deze manier gedraagt, zou Amma zeggen dat alleen zij die in zijn toestand zijn, het kunnen weten. De verklaring kan niet begrepen worden vanaf het standpunt van een gewoon iemand. Een avadhuta is niet geïdentificeerd met een lichaam en is totaal onthecht van deze wereld. Zijn standpunt is volkomen onvoorstelbaar voor ons die nog slapen in deze illusionaire droom.

In overeenstemming met zijn aard probeerde de yogi Amma, die toen vroeg in de twintig was, beet te pakken. Zij pakte onmiddellijk zijn hand in een ijzeren greep en zei: "Weet je niet wie ik ben? Ik heb je vader gekend, je grootvader en je overgrootvader!"

"O ja, U bent de Goddelijke Moeder Kali zelf. In de toekomst zullen mensen uit alle hoeken van de wereld naar deze heilige plaats voor Uw darshan komen!" antwoordde de yogi met een gelukzalige glimlach op zijn gezicht. Amma gaf hem toen

18

een hartelijke omhelzing en hij ging voor lange tijd in samadhi. Hoewel zij hem beschouwde als iemand die gevestigd was in de Transcendente Toestand van Gelukzaligheid, en zij dus veel respect voor hem had, vond ze niettemin dat zijn aanwezigheid en voorbeeld een slechte invloed zouden hebben op de spirituele kinderen die in de toekomst naar haar toe zouden komen. Ze nam daarom het besluit dat hij lange tijd niet terug zou komen en hij werd dan ook vele jaren niet in Amma's ashram gezien. Tijdens de viering van zijn driehonderdste verjaardag besloot hij om zijn huidige lichaam te verlaten. Hij riep zijn volgelingen samen en zei hun slechts één ding: dat ze naar Vallickavu moesten gaan en Moeder Kali vertellen dat hij vertrokken was. Zo groot was zijn respect en liefde voor Amma.

Ten tijde van mijn eerste ontmoeting met Amma was er een wiskundeleraar die haar bezocht. Hij fungeerde soms als tolk voor ons. Vier of vijf dagen verbleef ik in het huis van Amma's familie en ging toen voor anderhalve maand terug naar Tiruvannamalai voordat ik voorgoed naar Vallickavu terugging. Toen ik in Tiruvannamalai was, had ik op een nacht een droom waarin ik mijzelf in Amma's tempel tijdens *Devi Bhava* zag zitten. Ze glimlachte naar me en wijzend naar degene die naast mij zat, vroeg ze of ik hem kende. Ik antwoordde van niet. Amma zei dat degene die daar zat, een goede onthechting en devotie had. Hierna werd ik wakker. Ik riep de vriend die toen bij me verbleef, en vroeg hem een aantekening van de droom in zijn dagboek te maken met de datum en tijd erbij. Ik dacht dat er misschien iets in Vallickavu gebeurd was waarvoor ik later precieze verificatie zou willen.

Na drie dagen ontving ik een brief van de wiskundige die schreef: "Zondag ging ik naar Vallickavu en ontving Amma's darshan. Tijdens Devi Bhava zat ik naast haar en vroeg haar om jou in Tiruvannamalai darshan te geven. Ze vroeg me om de drietand te nemen die ze soms tijdens Devi Bhava vasthoudt, en zei dat ze je darshan zou geven. Het was toen middernacht. Had je toen enige ervaring?" Het was inderdaad zondag middernacht dat ik Amma in Devi Bhava in mijn droom gezien had. Dezelfde man had enkele dagen later een levendige droom. Hij droomde dat Amma aan hem verscheen en hem zei dat hij mij uit moest leggen dat zij de belichaming van de Goddelijke Moeder was.

Amma had eens het volgende gesprek met enkele toegewijden. Hoewel het humoristisch is en kenmerkend zonder ego, geven haar woorden niettemin aan wie zij werkelijk is.

Amma: Zelfs voor de schepping had Heer Shiva verteld wat onvermijdelijk was. En zelfs daarna gaf Hij de nodige instructies hoe men hier in deze wereld moet leven.

Vraag: Wat bedoelt U, Amma?

Amma: Voor de schepping hoorde Shakti[5] een stem die zei: "Er is alleen verdriet in de schepping. Je moet het niet op je nemen." Het was de stem van Shiva (Zuiver Bewustzijn). Shakti antwoordde: "Nee, het moet gedaan worden." Zo had Shiva zelfs voor de schepping aanwijzingen aan Shakti gegeven over de aard van de schepping. Pas na de waarschuwing gaf Hij toestemming om te scheppen.

Na de schepping trok Hij, het aspect van Zuiver Bewustzijn, zich terug. In werkelijkheid heeft hij niets te maken met al deze dingen die rondom ons gebeuren. Later rende Shakti naar Hem toe en klaagde: "Ik heb geen rust. Kijk nou, de kinderen geven Mij op Mijn kop. Ze geven Mij de schuld van alles. Niemand zorgt er voor Mij."

Shiva zei: "Heb ik je niet verteld dat het zo zou gaan en dat je er niet mee door moest gaan (met de schepping). Nu je er toch aan begonnen bent, maak je drukte. Ben jij niet degene die

---

[5] De Oernatuur, Kosmische Energie.

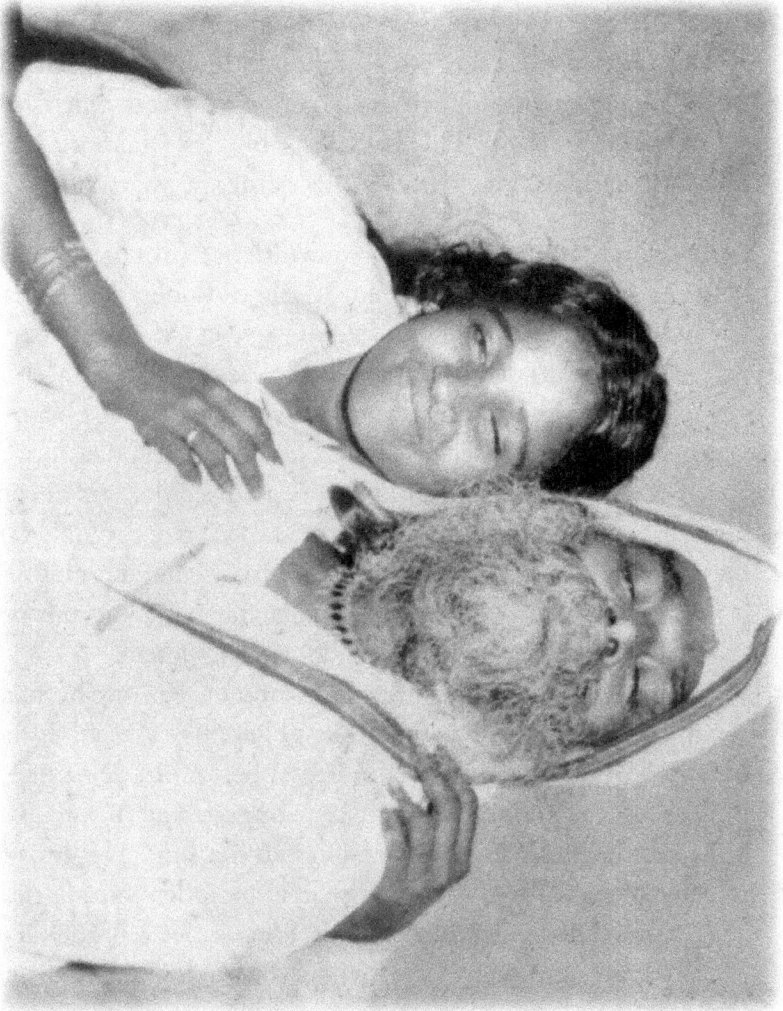

Moeder met Prabhakara Siddha Yogi

verantwoordelijk is voor alles wat hier gebeurd is? Er was geen probleem toen ik alleen was, nietwaar?"

Amma: Soms kan Amma het niet verdragen wanneer hier in de ashram het verlangen naar God bij de kinderen afneemt. Ze voelt een onbeschrijfelijke pijn. Dan vertelt Amma haar kinderen: "Helaas! Shiva heeft me gezegd niet bij Hem weg te gaan en me met dit alles bezig te houden. Kijk hier, nou moet ik lijden." (Allen barsten in lachen uit.) Hoe kan ik nu bij Hem gaan klagen? Hij zal vragen: "Heb ik je hiervoor niet eerder gewaarschuwd?"

Ik herinner me hoe enkele toegewijden Amma vroegen over haar realisatie van de Waarheid. In die tijd noemde Amma zich gewoonlijk een "gekke meid" die niets weet. Maar bij deze gelegenheid was ze duidelijker over zichzelf. Ze zei: "Amma heeft nooit gevoeld dat ze verschillend is van haar echte Oneindige Natuur. Er was geen tijd dat ze niet Dat was. De tijd of het moment waarop zij dit zogenaamd te weten kwam of realiseerde, was alleen een herontdekken om een voorbeeld te stellen, het verwijderen van het omhulsel. Er is geen tijd waarop een *avatar* zich niet bewust is van zijn of haar ware natuur. Een avatar is Bewustzijn verpersoonlijkt met al Zijn schittering, glorie en volheid.

Ruimte is er voordat je het huist bouwt. Ruimte bestaat nog steeds na de voltooiing van het huis. Het enige verschil is dat het huis zich nu in de ruimte bevindt: het bestaat in de ruimte. Het huis neemt een kleine ruimte in in de uitgestrekte ruimte. Ruimte blijft bestaan zelfs na het afbreken van het huis. Het huis komt en gaat maar ruimte blijft in alle drie perioden van de tijd: het verleden, het heden en de toekomst. Het opnieuw ontdekken van je eigen ware aard door het verwijderen van de sluier is alleen van toepassing op een ziel die zich stadium na stadium ontwikkelt tot de toestand van het Hoogste Bewustzijn. Maar dit geldt niet voor een avatar. Een avatar is als ruimte. Hij of zij leeft altijd in dat Bewustzijn. Er is geen weten of realiseren in hun geval. Zij zijn eeuwig Dat.

Hoofdstuk 2

De tijd voor het ontstaan van de ashram

De ashram is niet altijd zo vredig geweest als hij vandaag de dag is. Kort nadat Gayatri (Swamini Amritaprana) en ik in januari 1980 vanuit Tiruvannamalai aankwamen om bij Amma te gaan wonen, probeerde iemand Amma tijdens *Krishna Bhava* te vergiftigen vanwege oude jaloezieën die de dorpelingen tegenover haar hadden. Ik had gehoord over aanslagen op haar leven, maar deze gebeurtenis vond plaats terwijl ik zelf ooggetuige was.

Op het einde van Krishna Bhava dronk Amma altijd een beetje melk die de toegewijden meegebracht hadden. Heer Krishna was per slot van rekening befaamd om Zijn voorliefde voor zuivelproducten, vooral melk en boter. Amma werd vreselijk ziek nadat ze op een avond wat van deze melk gedronken had. Hoewel ze de Krishna Bhava afmaakte, begon ze daarna herhaaldelijk over te geven. Desondanks begon ze de *Devi Bhava* kort na de Krishna Bhava zoals ze altijd deed. Voordat ze de tempel inging, smeekten de toegewijden haar om wat rust te nemen en de darshan te laten vervallen. Hierop antwoordde ze:

"Kinderen, de meeste mensen die voor darshan gekomen zijn, zijn erg arm. Een groot aantal van hen zijn werkers die voor dagloon werken. Door iedere dag tien of twintig pais opzij te leggen kunnen zij voldoende geld sparen om Amma één keer per maand te bezoeken. Zij hebben weinig begrip over wat spiritualiteit is. Zij komen naar Amma voor wat troost, om een vriendelijk, opbeurend woord van Amma te horen. Als we hun vragen om

24

een andere keer terug te komen, moeten ze opnieuw een maand wachten voordat ze zich een tweede bezoek kunnen veroorloven. Ook zijn er een paar toegewijden die van ver komen en die misschien slechts één of twee keer per jaar voor darshan komen. Zij zouden erg teleurgesteld zijn als de darshan niet doorgaat. Hen verdriet bezorgen omwille van mijn eigen gemak is ondenkbaar voor me. Laat Amma met de darshan doorgaan zoveel als mogelijk is. Als Amma dan instort, moeten we dat accepteren als Gods wil."

Amma zat in Devi Bhava, maar de deuren van de tempel moesten herhaaldelijk gesloten worden wanneer Amma binnen overgaf. Het was erg pijnlijk om binnen bij haar te zijn en dit lijden te zien dat ze onderging ter wille van de toegewijden. Eindelijk was de darshan over. Toen Gayatri voor Amma knielde, viel Amma van haar stoel op de grond en werden de deuren gesloten.

Amma maakte toen de waarheid over het hele voorval bekend. Ze zei dat tegen het einde van Krishna Bhava een toegewijde haar zoals gebruikelijk wat melk aangeboden had. Maar in dit geval was de melk vergiftigd door degene die de melk aan de toegewijde verkocht had. Amma zei dat de melkhandelaar een atheïst was die tegen haar was. Toen hij hoorde dat men haar de melk tijdens Krishna Bhava zou aanbieden, vergiftigde hij die. De vrouw, die hier helemaal niets vanaf wist, had haar de melk aangeboden. Amma zei dat ze wist dat de melk vergiftigd was toen ze die zag. Verrast vroegen wij haar waarom ze die opgedronken had. Ze zei:

"Toen de toegewijde deze melk aanbood, accepteerde Amma die eerst niet, omdat ze wist dat die vergiftigd was. De toegewijde werd hierom erg verdrietig en begon te huilen. Zij was onschuldig. Omdat Amma medelijden met haar kreeg, heeft ze de melk toen opgedronken. De toegewijden brengen met grote verwachtingen offergaven mee en als Amma die zou weigeren, zou hun dat veel verdriet doen. Dus moest Amma de melk ondanks het vergif opdrinken. Maak je geen zorgen, kinderen. Amma zal spoedig weer in orde zijn."

Amma ging toen naar huis en ging uitgeput en met veel pijn liggen. Bhaskaran, die erg toegewijd was aan de Goddelijke Moeder en vlakbij woonde, zat de hele nacht bij Amma en reciteerde de verhalen over de Godin tot zonsopkomst. Wat een stem! Zelfs zonder dat ik de woorden begreep, kon ik zijn devotie voelen. Aan de kwaliteit van zijn stem kon je horen dat hij echt een meesterzanger was.

Bhaskaran zag Amma als zijn eigen dochter tijdens haar gewone stemming en hij zag haar vol respect als een werktuig van Heer Krishna en de Goddelijke Moeder tijdens de *bhava's*. In de loop der jaren had hij door Amma's genade veel prachtige ervaringen. Om de kost te verdienen reisde hij van dorp naar dorp om de *Shrimad Bhagavatam* en andere geschriften te zingen. Daarbij accepteerde hij het geld dat voor zijn diensten gegeven werd. Hij had over Amma's Krishna Bhava gehoord en kwam een paar keer, maar hij was er niet echt van overtuigd dat degene die hij zag Krishna zelf was. Op een nacht had hij een levendige droom. Krishna verscheen aan hem en zei: "Zoon, je bent van dorp naar dorp rondgetrokken, waarbij je Mij (de Shrimad Bhagavatam) jarenlang onder je arm hield en wat heb je ermee gewonnen? Ik sta hier vlak voor je neus in Krishna Nada (Amma's huis) en je herkent Mij niet. Wat ben jij een dwaas!" Bhaskaran werd geschrokken wakker. Vanaf toen kwam hij regelmatig naar Krishna Bhava. Op een dag toen hij terugkeerde van een dorp in de buurt, kwam hij langs een vijver die bij een tempel hoorde en hij werd aangetrokken door de lotusbloemen die daar groeiden. Hij dacht: "Wat zou het leuk zijn als ik er eentje aan Krishna kon aanbieden." Hij ging naar de tempelpriester en vertelde zijn wens. Nadat hij toestemming gekregen had, plukte hij één van de bloemen en ging op weg naar Amma's ashram. Onderweg hield een alleraardigst jongetje hem aan en bedelde om de bloem. Bhaskaran stond voor een dilemma. Hij voelde een onverklaarbare aantrekking tot de jongen en was geneigd om de bloem te geven om hem gelukkig te maken, maar tegelijkertijd vond hij het onjuist om iets wat bedoeld was voor de aanbidding van God, aan een mens te geven. Uiteindelijk won zijn hart het van zijn plichtsbesef en hij gaf de jongen de bloem. Toen hij in de ashram kwam, stond Amma reeds in Krishna Bhava. Zodra hij de tempel binnenging, riep zij hem bij zich en vroeg glimlachend: "Waar is de bloem?" Zijn hart sloeg over. Hij kon geen woord uitbrengen. Toen klopte Amma hem liefdevol op zijn hoofd en zei: "Maak je geen zorgen. Dat jongetje aan wie je de bloem gegeven hebt, was Ik, Krishna."

Op een avond rond het einde van Devi Bhava zat Bhaskaran buiten de tempel. Amma riep hem binnen, zegende hem en gaf hem een brandend wierookstokje. Ze zei toen dat hij onmiddellijk naar huis moest gaan. Het was pas tien uur en Amma was kort daarop klaar met de Devi Bhava. Dit was hoogst ongebruikelijk, want zelfs als er maar een kleine groep mensen was, ging de darshan minstens tot één of twee uur 's nachts door. Toen wij na de darshan rondom Amma zaten, zei ze: "Vannacht zal één van mijn kinderen sterven." We keken elkaar allemaal een beetje ongerust aan. "Wie is het, Amma?" vroegen wij, maar Amma gaf geen antwoord. We gingen de hut binnen en gingen liggen om te rusten. Plotseling hoorden we een erbarmelijk gejammer vanaf de andere kant van het dorp. Amma stond onmiddellijk op en stond buiten strak in de richting van Bhaskarans huis te kijken. Toen riep ze ons en liepen we allemaal daar naar toe. Zodra we het huis binnengingen, hield Bhaskarans vrouw op met huilen en zei tegen haar kinderen dat zij ook stil moesten zijn omdat Amma gekomen was. Zo groot was haar respect voor Amma, dat ze er zelfs in deze uiterst pijnlijke situatie op stond dat Amma het juiste

respect getoond werd. Bhaskarans lichaam lag levenloos op een mat op de vloer. Amma vroeg hoe hij gestorven was. Zijn vrouw zei: "Hij kwam thuis, at zijn maaltijd en ging liggen. Hij zei dat hij een beetje pijn in zijn borst voelde. Onmiddellijk daarna was hij vertrokken." We zaten daar allemaal een tijdje en volgden Amma toen terug naar de ashram. Onderweg vroegen we haar: "Wel, Amma, wat was zijn lot na zijn dood?" "Waar kon hij anders heen gaan dan naar de verblijfplaats van de Godin?" antwoordde Amma met een kleine glimlach op haar gezicht.

In die tijd kwam Amma bij het begin van Devi Bhava de tempel uit en danste in extase, waarbij ze een zwaard en een drietand vasthield. Ze zag er echt uit als de woeste vorm van de Godin Kali. Haar tong hing uit haar mond en ze brulde luid. Soms was ze zo in extase dat ze over de grond rolde onder voortdurende lachsalvo's. Toen wij Amma in die stemming zagen, voelden we dat we haar helemaal niet begrepen hadden. Op zulke momenten moesten we bijzonder voorzichtig zijn met de manier waarop we de muziek speelden. Ik moest precies het juiste ritme aanhouden en wijs houden.

Op een avond maakte ik tijdens Amma's dans een fout bij het spelen op het harmonium, een klein handorgel. Amma rende op mij af en sloeg met haar zwaard op het harmonium. Toen ik het zwaard neer zag komen, trok ik mijn hand onmiddellijk terug en dat was maar goed ook, want ze sloeg een grote hap uit het instrument precies daar waar vlak daarvoor mijn hand geweest was. De man naast mij die de tabla of trommel bespeelde, maakte ook een fout in de maat. Het zwaard kwam een tweede keer neer en sloeg de bovenkant van de trommel eraf. We waren natuurlijk geschrokken en een beetje bang. We vermeden Amma de rest van de nacht, omdat we dachten dat ze kwaad op ons was. Maar na de darshan zei ze heel liefdevol tegen ons: "Hoe mijn stemming ook mag zijn, ik ben altijd jullie Moeder. Er is geen reden om bang te zijn. Ik was niet kwaad op jullie om mijzelf, maar vanwege de subtiele wezens die van de muziek genoten."

"Wat bedoelt U, Amma?" vroegen wij.

"Tijdens het dansen komen er veel wezens om mij in die stemming te zien. Ik zie ze als kleine stipjes van pulserend licht. Hun hele wezen raakt als het ware geabsorbeerd in het ritme en de melodie van de muziek. Wanneer jullie een fout maken, is het een vreselijke schok voor hun hele systeem. Stel je eens voor dat jullie zalig opgaan in een prachtige melodie en plotseling beginnen de musici vals te spelen. Hoe zou je je voelen? Het zou heel pijnlijk zijn, nietwaar? Daarom werd ik kwaad op jullie, toen ik hun pijn zag."

Op dit punt is het misschien goed om iets te vertellen over de subtiele niveaus van het bestaan. Net zoals wij een fysiek lichaam van vlees, botten en zenuwen hebben, een subtieler lichaam van gedachten en gevoelens, dat we de geest noemen, en een causaal lichaam waarin de geest tijdens diepe slaap opgaat, zo heeft God ook deze verschillende lichamen, maar dan op een universele schaal. Zowel Amma als de oude geschriften van India wijzen erop dat deze aarde alleen de meest grove manifestatie van het Universele Lichaam van het Kosmische Wezen is. Er zijn vele andere niveaus van bestaan die we met onze fysieke ogen niet kunnen zien en die door een oneindig aantal levende zielen bewoond worden. Daar komen we bij de geboorte vandaan en daar zullen we heen gaan nadat we het fysieke lichaam bij de dood verlaten hebben. Heer Krishna zegt in de *Bhagavad Gita*:

> "O Partha, noch in deze wereld noch in de volgende is er ondergang voor hem. Waarlijk, niemand die goed doet, gaat ten onder, Mijn zoon. Nadat hij die in yoga faalde, naar de werelden van de rechtschapenen is gegaan en daar ontelbare jaren verbleven heeft, wordt hij opnieuw

geboren in het huis van de zuiveren en rijken. Of anders wordt hij alleen in een gezin van wijze yogi's geboren, maar zo'n geboorte is zeer moeilijk te krijgen in deze wereld. Daar komt hij in aanraking met de kennis die hij in het vorige lichaam verworven heeft, en hij streeft meer dan tevoren naar perfectie, o zoon van de Kurus." VI, 40-43

Iemand wiens bewustzijn subtiel en onbeweeglijk geworden is door langdurige spirituele discipline, kan deze subtiele werelden zien. Er bestaan daar zowel goedwillende als schadelijke wezens, net zoals hier. Zij hebben in verschillende mate spirituele kracht net als de mensen hier op aarde. Alle donuts[6] zien er aan de buitenkant misschien hetzelfde uit, maar van binnen zit er bij sommige custard, in andere zit jam en in weer andere chocolade. Op dezelfde manier varieert het binnenste of subtiele lichaam van levende wezens naar gelang hun spirituele ontwikkeling. Allen zijn gelijk geschapen alleen in die zin dat de goddelijke vonk, bewustzijn en het leven in allen hetzelfde zijn. Behalve dit verschilt al het andere van ziel tot ziel.

In de begindagen van de ashram kwam er een groot aantal mensen naar Amma toe om bevrijd te worden van bezetenheid door subtiele wezens. Sommige van deze wezens bevinden zich in een pijnlijke emotionele toestand. Ze kunnen ook ontzettende honger of dorst hebben of zijn niet in staat om hun behoeften te bevredigen. Zij wachten daarom de gelegenheid af om bezit te nemen van wezens op het fysieke bestaansniveau om verlichting van hun lijden te krijgen. Om te proberen van hen af te komen wenden de meeste mensen zich tot "geestenbezweerders" of "witte magiërs", die verscheidene *mantra's* kennen die deze wezens weg-jagen.

---

[6] Amerikaanse gevulde gebakjes.

Net voordat ik naar Amma kwam, kende ik een meisje dat bezeten was door een zeer krachtig subtiel wezen. Zij en haar arme familie hadden in een gehuurd appartement gewoond, dat een deel was van een huis waarin ook andere huurders woonden. Om de een of andere reden kreeg één van de buren medelijden met dit gezin, bouwde een klein huis en deed het hun cadeau. Jammer genoeg werd één van de huurders van het appartement jaloers op hen vanwege hun goede geluk. Hij besloot de vader van het gezin te doden met behulp van zwarte magie. Hij ging samen met de zwarte magiër naar hun huis en klopte op de deur, maar het was het meisje dat naar de deur kwam in plaats van haar vader. Zodra ze de deur opendeed, voelde ze dat een geweldige kracht haar trof en viel ze op de grond. Vanaf die dag had ze een gevoel van innerlijke leegheid, wat zich geleidelijk ontwikkelde tot het innerlijk horen van een mannenstem. Steeds wanneer er iemand bij haar kwam met de bedoeling om haar van deze bezetenheid af te helpen, begon de kwade geest haar ingewanden te wringen als een natte handdoek. Dit deed haar zo luid gillen dat de mensen haar geschreeuw een kilometer in de omtrek konden horen.

De boze geest vertelde haar uiteindelijk dat hij in zijn vorige leven een deugdzame *brahmaan* was geweest. Hij had meditatie beoefend op de oever van een heilige rivier en woonde in een hut. Op een dag bezocht iemand hem en liet voor hem een boek over zwarte magie achter. Aanvankelijk was hij niet geïnteresseerd maar toen kreeg zijn nieuwsgierigheid de overhand. Hij las het boek en begon te experimenteren om te zien of hij daadwerkelijk de krachten op het subtiele vlak door de voorgeschreven mantra's kon beheersen. Zijn experimenten leidden uiteindelijk tot de ondergang van veel ongelukkige slachtoffers en ook van hemzelf. De familie van het meisje had alles geprobeerd om van de bezetenheid af te komen, maar was daarin niet geslaagd. Op een dag hoorde het meisje een andere stem die haar vertelde dat het de stem van de familieguru was die tot haar sprak en dat hij haar zou redden als haar moeder zou zweren om net zo lang te vasten totdat de boze geest verslagen zou zijn. Dit werd de moeder verteld, die op water en citroensap begon te leven. Uiteindelijk werd de moeder zo zwak dat ze stierf. Daarbij liet ze het meisje, dat nu volledig bedlegerig was, aan de zorg van de vader en de grootmoeder over. Het was duidelijk dat het de stem van de bedrieglijke kwade geest geweest was.

Omdat ik medelijden met dit gezin had, vertelde ik hun hele geschiedenis aan Amma en vroeg haar of ze iets kon doen om hen te helpen. Ze antwoordde:

"Vraag hen om hier te komen. Geen enkele kwade geest is sterker dan de Godin. Ze zal zeker bevrijd worden."

Ik bracht Amma's woorden per brief aan het gezin over, maar heb nooit een antwoord ontvangen. Het reizen met het meisje was bijna onmogelijk, omdat de duivel haar dan nog meer begon te kwellen. Wat een verschrikkelijk lot! Misschien was ze gestorven tegen de tijd dat mijn brief hen bereikte.

Op een avond, tijdens Devi Bhava, kwam er een man die veel lichamelijke problemen had naar de ashram. Hij was de laatste weken naar een aantal dokters geweest, maar niemand kon hem helpen. Uiteindelijk hoorde hij over Amma, de toevlucht voor de hulpelozen, en kwam haar opzoeken. Ik stond toen in de tempel en ving op dat Amma hem vroeg of er iemand in zijn familie onlangs door een slangenbeet was overleden. Hij antwoordde dat zijn broer inderdaad een paar weken eerder door een cobrabeet was overleden. Amma vroeg of de begrafenisceremonies verricht waren, en ontdekte dat om de een of andere reden de man de voorgeschreven riten en rituelen voor de overledene niet verricht had. Ze vertelde hem dat zijn fysieke problemen veroorzaakt werden doordat zijn broer hem lastigviel. Hij probeerde de aandacht te trekken voor zijn benarde toestand in de andere wereld, want hij verlangde de rituelen voor de overledenen. Amma vroeg de man toen om voor haar op de grond te zitten. Ze wierp een grote hoeveelheid bloemen in de lucht boven het hoofd van de man, waarbij ze de hele tijd glimlachte en boven hem in de lucht keek. Ik bleef naar dezelfde plek staren, maar kon natuurlijk niets zien. De man ging weg nadat Amma deze rituele verering gedaan had. We hoorden later dat hij van zijn probleem af was.

Op een andere *Bhava Darshan* dag zat ik naast Amma toen een toegewijde voor darshan kwam. Toen hij zijn hoofd in Amma's schoot legde, schokte zijn lichaam een beetje. Amma keek mij aan met een glimlach op haar gezicht en maakte met haar hand een gebaar van een slang met zijn schild uit. Plotseling sprong de man op en begon over de grond te rollen. Hij kroop op zijn rug de tempel uit en kroop onmiddellijk weer terug naar binnen. Hij lag op zijn rug met zijn ogen op de deur van de tempel gericht, niet op Amma. Zij gebaarde met haar hand dat hij de tempel uit moest gaan. Hoewel hij haar onmogelijk met haar hand had kunnen zien zwaaien, kroop hij onmiddellijk op zijn rug de tempel uit. Na een tijdje kwam hij in zijn gewone stemming terug. Amma vertelde me later dat hij regelmatig bezeten werd door een *naga*, een subtiel wezen dat op dit niveau van bestaan ergens verwant is met de cobrafamilie. Zij worden erg boos wanneer er cobra's gedood worden en zullen degenen die dat doen, moeilijkheden bezorgen. Voor Amma zijn alle niveaus van het bestaan zichtbaar en ze is noch verrast noch bang voor iets wat op één van die niveaus plaatsvindt. Ze ziet alles als haar eigen Zelf in verschillende vormen, zoals een dromer een droom ziet als de projectie van zijn eigen geest.

In de vroege jaren zestig vond er een heel ongebruikelijk verschijnsel plaats in een klein dorpje in Andhra Pradesh, één van de Indiase staten. Een dorpeling liep door de velden toen hij midden op het pad op een witte cobra stootte. Hij had nooit een cobra met die kleur gezien of erover gehoord. Hij dacht dat het misschien een bovennatuurlijk wezen in die vorm was en stelde het gelijk aan de god Subrahmaniam, de zoon van Heer Shiva. Hij legde zijn bovenkleed voor de slang op de grond en bad: "Als U Heer Subrahmaniam bent, kom dan alstublieft op dit kleed en ik zal U naar een tempel brengen." Tot zijn grote verbazing kroop de slang op het kleed en zat daar gedwee terwijl hij hem naar de Shivatempel in het dorp bracht. Nadat de man hem neergezet had, stond hij toe te kijken hoe de slang de vijver naast de tempel ingleed, zijn bad nam en daarna op het binnenste heiligdom afging. Hij ging eerst rondom de afbeelding van Ganesh en kronkelde toen rond de Shiva *linga* waarbij hij zijn schild oprichtte.

Veel mensen uit de omliggende dorpen die hierover hoorden, dromden daar samen om de wonderbaarlijke slang te zien. Dagen gingen voorbij, maar de slang at niets. Uiteindelijk kwam iemand op het idee om de slang te aanbidden. Als onderdeel van de aanbidding werd er een kop melk aangeboden aan de slang. Zodra de toepasselijke mantra's herhaald werden, boog de slang zich voorover en dronk alle melk! Vanaf toen werd de slang de lievelingsgod van het dorp. Hij liet zich aanbidden, voeden, aaien en vertroetelen, zelfs door jonge kinderen. Iedere dag baadde hij zich in de vijver, en nadat hij rondom de andere godheden in de tempel gegaan was, nam hij zijn plaats in op de linga. Duizenden mensen begonnen naar dat afgelegen dorp te komen, wat de aanleg van een weg nodig maakte, het instellen van openbaar busvervoer en het installeren van elektriciteit door de regering. Veel heiligen kwamen om de darshan van de heilige slang te ontvangen. Toen één zo'n *mahatma* voor de tempel, begeleid door een harmonium, zat te zingen, kroop de slang uit het binnenste heiligdom, klom op het harmonium en gleed toen over de armen van de heilige, rond zijn nek en toen naar beneden op de grond en weer terug naar de tempel. Hij liet de swami in extase achter. Deze swami was een persoonlijke vriend van mij die mij het voorval met grote devotie vertelde.

Een schurk die jaloers was op het succes van de tempel, greep de slang tenslotte beet toen er niemand in de buurt was, en doodde hem. Hij ving toen een gewone cobra, naaide zijn bek dicht en zette hem op de linga. Toen hij een paar uur later terugkwam om te zien wat er gebeurde, had de slang op de een af andere manier de draden losgemaakt en beet hem. Hij stierf spoedig een ellendige dood.

Ik ben naar dat dorp gegaan en heb de foto's gezien van de wonderbaarlijke slang die door kinderen vertroeteld en aanbeden werd. Daarom was ik niet verbaasd dat er verschillende incidenten die met slangengodheden te maken hebben, af en toe plaatsvonden rondom Amma. Er zijn zeker niveaus van bestaan die wij met onze grove waarneming niet kunnen zien.

Bij één van Amma's dansen tijdens Devi Bhava kwam er op een keer een man met de bedoeling om kwaad te doen. Amma kwam de tempel uit met het zwaard en de drietand in haar handen en begon te dansen in de open ruimte voor de tempel. De man greep het zwaard en probeerde het uit Amma's hand te trekken. Hoewel hij er niet in slaagde het zwaard te krijgen, verwondde hij Amma's hand. Onmiddellijk wierp de hele menigte zich op hem en gaf hem het pak slaag van zijn leven. Toen ik al dit geweld zag, begon mijn lichaam te trillen. Toch kon Amma mij onmogelijk in die toestand gezien hebben, want zij danste op een ander gedeelte van het terrein. Ik was verbaasd toen de darshan voorbij was en zij naar mij keek en lachend zei: "Waarom trilde je zo toen die kerel mij probeerde te verwonden? Omdat hij onmiddellijk zijn straf voor zijn wandaad ontving, hoeft hij later niet te lijden."

Enige tijd hierna was er een andere aanval op de ashram. Het was bij de afsluiting van Krishna Bhava. Amma was in vervoering van gelukzaligheid toen wij allemaal de goddelijke namen van de Heer reciteerden. Ze wierp een laatste liefhebbende blik op haar toegewijden en ging toen terug de tempel in. De deuren werden zachtjes achter haar gesloten. De muziek hield op en de hele plek werd geleidelijk aan stil. Iedereen stond stil te bidden in diepe devotie voor Amma als Krishna.

Plotseling begon een wild uitziende man die voor Gayatri stond, iets te schreeuwen. Hij leek wat dronken te zijn. Een paar andere schurken kwamen hun schreeuwende leider te hulp en kwamen vanuit de achterkant van de menigte naar voren. Zij omringden Amma's vader. Ze begonnen hem heen en weer te duwen en sloegen zijn bril af. Sugunanandan werd woedend en schreeuwde tegen hen dat ze het perceel moesten verlaten. Plotseling trok de leider van de bende iets tevoorschijn wat op een dodelijk zelfgemaakt wapen leek: een riem met zware metalen haken aan één eind. Het leek erop dat hij Amma's vader ermee wilde slaan. Gayatri stormde snel naar voren, rukte de riem uit zijn handen en holde hard weg om aan de kwaadheid van de vandaal te ontsnappen. Verscheidene toegewijden sprongen naar voren om haar tegen de beulen te beschermen en binnen enkele ogenblikken ontstond er een vechtpartij. Gayatri slaagde er op de een of andere manier in om aan het heetst van het gevecht te ontsnappen. Ze rende snel weg en sloot de grendel van de tempeldeur. Zo sloot ze Moeder in omdat ze vreesde dat die naar buiten zou komen en door één van de schurken aangevallen zou worden. Balu en Shrikumar waren naar binnen gerend om haar te beschermen en ik was reeds daar om Amma bij het einde van de darshan te helpen. Er waren buiten om de tempel heen vreselijke geluiden, geschreeuw en gegil en het geluid van dingen die afgebroken werden. In de tempel brulde Amma "Kali!

Kali!" en probeerde naar buiten te komen, maar we lieten haar niet gaan. We moesten haar dwingen binnen te blijven uit vrees dat een lawaaischopper haar kwaad zou doen. Gayatri glipte weg naar de achterkant van de tempel en verborg het wapen in een stapel oude planken. Ze kwam snel terug om op wacht te staan bij de tempeldeur. Binnen een minuut was de heft van de jongelui in het dorp hier samengekomen, klaar voor een knokpartij. De toegewijden die gewoonlijke een vreedzame groep waren, bewezen nu dat ze bereid waren om slag te leveren voor Amma. Weldra waren zo'n vijftig mannen het aan het uitvechten onder het angstige geschreeuw van de vrouwen. Het leek op een tafereel uit de *Mahabharata*.

Niemand had enig idee wat er gebeurde of waarom. Na een minuut of twintig bedaarde het gevecht en de dorpelingen begonnen zich te verspreiden. Hoewel veel toegewijden en familieleden kleine verwondingen hadden opgelopen, was er tot onze opluchting niemand ernstig gewond. Toen Gayatri de tempeldeuren opende, kwam Amma naar buiten gesneld. Ze drukte haar bezorgdheid uit voor iedereen die gewond was. Ze streelde liefdevol iedereen met blauwe plekken en blauwe ogen. Hieronder waren ook enkele bloedverwanten van haar. Toen sprak ze de groep toe:

"Kinderen, veel plaatselijke mensen zijn Amma erg vijandig gezind. Ze zoeken een manier om Amma en de ashram te gronde te richten. Uit onwetendheid en jalousie hebben de jongemannen van ongeveer twintig gezinnen zich vannacht verenigd met het verfoeilijke plan om Amma's familie aan te vallen en Amma te doden. Ongeveer twee weken geleden waarschuwde Amma Sugunanandan over de mogelijkheid van zo'n aanval en ze adviseerde hem om niet te lang buiten te blijven. Ze raadde hem ook aan om te vermijden met iemand ruzie te zoeken, omdat Amma dacht dat de mensen provocatie zochten."

Amma wendde zich tot Sugunanandan en zei met veel liefde: "Zelfs als mensen je mishandelen, moet je leren om je rust en gelijkmoedigheid te bewaren. We hebben ons aan het Hoogste Zelf overgegeven. Daarom moeten we leren om iedereen onder alle omstandigheden als God te zien. We moeten leren om lof en belediging met dezelfde onthechting te accepteren." Sugunanandan scheen een beetje verbaasd en antwoordde: "Maar een aantal van die schurken waren vanochtend hier en zeiden dat ze honger hadden. En wij hebben hun geld gegeven! En toch kwamen ze vanavond terug om ons te slaan!" Amma antwoordde: "Ze laten alleen hun aard zien. Hoe ze zich ook gedragen, we moeten ons aan ons *dharma* houden en proberen de Goddelijke Eenheid in allen te zien."

Amma wendde zich weer tot de toegewijden: "Kinderen, we moeten deze gebeurtenis beschouwen als een gelegenheid om onze eigen geest te bestuderen. We moeten niet te sterk reageren of op schaduwen afspringen. Onze handelingen moeten niet afhangen van de woorden van deze nozems. De diamanten van vrede die we door onze *sadhana* verkregen hebben, moeten we niet verbeuren voor pinda's. Het spirituele leven is bedoeld om het omhulsel van het ego dat het Zelf bedekt, te breken, niet om het te cultiveren. In moeilijke omstandigheden als deze zijn groot geloof en geduld noodzakelijk. God is onze beschermer. Als we alleen op Hem vertrouwen, zal Hij voor ons zorgen. Als we de bijenkoningin te pakken krijgen, zullen alle andere bijen in de bijenkorf ons beschermen en dienen. Kinderen, we moeten nu allemaal erg voorzichtig zijn. We moeten proberen om situaties te vermijden waarin we ons evenwicht gemakkelijk kunnen verliezen. Laten we ons hart openhouden en op God vertrouwen. Als we proberen om hun onwetendheid met geweld te overwinnen, zullen ze alleen met grotere wraak terugkomen. Vergeet niet, kinderen, dat haat nooit door haat ophoudt, maar alleen door liefde."

Nadat ze de toegewijden getroost had, ging Amma terug de tempel in om met Devi Bhava te beginnen. Voor velen van ons leek Amma die avond nog meer meedogend dan gewoonlijk alsof ze haar waardering uit wilde drukken voor de moed die de toegewijden getoond hadden.

Natuurlijk werd deze vechtpartij het belangrijkste onderwerp van gesprek onder de dorpelingen en er waren volop geruchten. We kwamen er spoedig achter dat veel mensen de schuld helemaal op Amma schoven. Het leek een goede tijd om binnen het ashramterrein te blijven en het dorp zo mogelijk helemaal te vermijden. In die tijd grepen, zelfs onder gewone omstandigheden, sommige dorpelingen iedere gelegenheid aan om Amma te treiteren. Steeds wanneer ze langs hun huis kwam, zeiden zij hun kinderen dat ze haar moesten uitjouwen en haar met stenen moesten bekogelen. Om dit te voorkomen vroegen de leerlingen Amma om lange wandelingen over de straten te vermijden, maar ze stemde er niet mee in.

Toen ik dit allemaal zag, vroeg ik me af of ik werkelijk voor altijd in Vallickavu wilde blijven. Dit was geen ashram. Het was een slagveld! Was ik bereid om hier te sterven te midden van de strijd? Ik besloot uiteindelijk dat ik in deze zaak geen keuze had, dat ik er niet tussenuit kon knijpen en Amma in de steek laten. De Bhagavad Gita zegt dat het beter is om te sterven terwijl je je eigen plicht doet dan te leven terwijl je de plicht van een ander doet. Gelukkig was dit gevecht het laatste van zulke gewelddadige incidenten. Maar mijn waardering voor Amma's onbevreesdheid bleef toenemen naarmate men mij meer over haar leven vertelde. Deze opschudding was maar een fractie van wat er gebeurde toen het "Comité van Duizend" zich gevormd had om Amma te doden in de oude tijd voordat ik er was. Ze stond er helemaal alleen voor. Zelfs haar familie beschermde haar niet. Toch was ze onverschrokken temidden van voortdurende pesterij. Het comité, een groep van meer dan duizend jongemannen uit het kustgebied, verenigde zich met verschillende motieven van zelfbelang en algemene ordeverstoring. Zij probeerden op verschillende manieren om haar als een bedriegster te ontmaskeren of om haar te doden, maar in alle gevallen faalden zij erbarmelijk. Veel comitéleden werden zelfs de vurigste toegewijden van Amma omdat ze haar goddelijke en welwillende kracht ervoeren. Eén van de leden trouwde later zowaar met één van Amma's zussen.

Stel je even voor dat je een tiener bent in Amma's toestand. Zelfs als je door liefdevolle vrienden en familieleden omgeven zou worden, zou je bang worden als er gevaar voor je leven was. Maar voor Amma was er niemand op deze wereld. Wat zou de verklaring voor haar unieke onbevreesdheid tegenover zulke verpletterende omstandigheden kunnen zijn? Het is haar natuurlijke vertoeven in de toestand van bewuste Eenheid met God en haar kennis en ervaring dat deze schijnbaar wezenlijke wereld en het lichaam dat daarin leeft, niets meer zijn dan een illusionaire droom die geprojecteerd wordt op het onverwoestbare scherm van bewustzijn. Alleen dit kan haar opmerkelijke moed verklaren. Er is geen andere verklaring mogelijk. Sommige mensen beginnen hun identiteit met God te verkondigen, nadat zij met het spirituele leven begonnen zijn. Maar zou iemand van deze huichelaars onder dergelijke omstandigheden onbevreesd kunnen blijven? De praktijk moet uitwijzen of iets echt waarde heeft.

De eerste tijd in Vallickavu kon ik Amma's taal, het Malayalam, niet spreken. Gelukkig kwamen Balu[7], Shrikumar[8] en een heel toegewijd wereldlijk iemand genaamd Krishna Shenoy regelmatig en zij spraken allemaal vloeiend Engels. Dhr. Shenoy heeft veel ontroerende devotionele liederen geschreven die een beroep op

---

[7] Swami Amritaswarupananda
[8] Swami Purnamritananda

41

Amma deden dat haar Genade hem in zijn moeilijkheden zou redden. Soms worden toegewijden zich met een schok bewust van hun eeuwige relatie met Amma. Amma zegt: "Vergeet niet dat allen die in dit leven met Amma verbonden zijn, ook in hun vorige levens bij haar waren. Jullie kunnen alleen dit leven zien en denken daarom dat jullie Amma tevoren niet kenden. Maar jullie zijn allemaal eerder bij Amma geweest. Niemand herinnert zich of kent zijn banden met Amma in vorige levens. Er is voor iedereen een voorbestemde tijd om naar Amma te komen. Sommigen komen eerder, anderen later. Maar ieder van Amma's kinderen is altijd bij haar geweest. Zij komen op verschillende tijden naar Amma, soms wanneer ze over haar horen of wanneer ze haar foto zien. Andere keren gebeurt dit wanneer ze naar een opname van Amma's *bhajans* luisteren. In sommige gevallen komen mensen naar haar toe nadat ze één van haar kinderen ontmoet hebben. Weer anderen realiseren zich hun relatie met Amma alleen door direct contact met haar. Sommigen spreken over 'voordat ze Amma ontmoet hebben', maar zoiets bestaat niet. Al Amma's kinderen hebben haar reeds lang geleden ontmoet. Hoewel niemand zich hiervan bewust is, is Amma's bescherming altijd bij hen geweest."

Zijn eerste ontmoeting met Amma had zijn leven totaal veranderd. Toen hij halverwege de veertig was, was hij een communist van de harde lijn. Zijn hele gezin wilde op een dag Amma gaan opzoeken en drong eropaan dat hij met hen meeging. In een zwak ogenblik stemde hij in en zij kwamen allemaal naar Vallickavu op een *Bhava Darshan* dag. Omdat zij aangekomen waren voordat de Bhava Darshan begonnen was, zaten ze onder een boom bij de tempel. Vlakbij was een groepje tienermeisjes aan het praten en spelen. Ze waren allemaal hetzelfde gekleed in gekleurde rokken en bloezen en zij leken allemaal meisjes uit het dorp te zijn. Plotseling voelde Dhr. Shenoy een overweldigende kracht die hem naar één van de meisjes trok. Als in trance liep hij naar de groep meisjes. Hij viel neer en legde zijn hoofd in de schoot van één van hen en barstte in tranen uit als een klein kind. Hij lag daar lange tijd te huilen en toen hij uiteindelijk totaal overweldigd ging zitten, keek het meisje naar hem met een glimlach op haar gezicht en zei: "Mijn kind, ik verwachtte dat je zou komen. Nu is er niets meer om je zorgen over te maken. Ik zal altijd bij je zijn." Opnieuw barstte Krishna Shenoy in tranen uit. Uiteindelijk stond hij op, ging weg en zat als tevoren bij de boom. Zijn familie vroeg hem: "Ben je hier eerder geweest?" Hij antwoordde: "Ik ben zelfs nooit eerder in deze streek geweest. Dit is de eerste keer van mijn leven dat ik hier kom."

"Hoe wist je dan wie van die meisjes Amma was? Er is niets wat erop wijst dat zij verschillend is van de anderen."

Dhr. Shenoy antwoordde: "Ik heb niet het minste idee wat er gebeurd is of hoe het gebeurd is." Stel je eens voor wat er gebeurd zou zijn als dat meisje niet Amma was geweest!

Er vond hierna een grote transformatie plaats in Dhr. Shenoy. Hij verbrak de band met zijn communistische vrienden volledig en werd lid van een comité voor de plaatselijke tempel bij zijn huis. Deze tempel was in een slechte, bouwvallige toestand en de toegewijden besloten om een nieuwe tempel voor de *naga's* te bouwen, een godheid die wordt afgebeeld met een slangenlichaam en een mensenhoofd. Zij brachten de heilige beelden over naar een plaats vlakbij en bouwden de nieuwe tempel. De avond voor de inwijding van de tempel kwam Dhr. Shenoy naar Vallickavu om Amma's zegen te vragen en haar voor de ceremonie uit te nodigen. Hij ging tijdens Devi Bhava de tempel binnen. Toen Amma hem zag, zei ze:

"Ik weet waarom je gekomen bent. Maak je geen zorgen. Alles zal soepel verlopen en ik zal voor je uitgaan en mijn aanwezigheid voelbaar maken bij de nieuwe tempel."

Dhr. Shenoy ging meteen met de eerste de beste bus naar zijn dorp terug. Toen hij naar de tempel ging, zag hij alle comitéleden opgewonden bijeen bij de ingang van het tempelterrein. Hij vroeg zich af waarom ze niet bezig waren met ceremoniële voorbereidingen en vroeg hun wat er aan de hand was. Ze antwoordden: "Ongeveer een uur geleden, kwam er hier een cobra, gleed rond de nagabeelden en ging toen de tempel in. We volgden hem met een zaklantaarn maar konden hem nergens vinden. Hij kan op geen enkele manier uit de tempel gekomen zijn zonder dat wij dat zouden zien. Nu is er een sterke geur van jasmijnbloemen in het heilige der heiligen."

Na de ceremonies ging Krishna Shenoy terug naar Amma's ashram. Voordat hij iets kon zeggen, zei Amma tegen hem: "Ik hoop dat je tevreden bent met mijn verschijning bij de tempel. Ik was daar lang voor jou en kwam toen terug." Onnodig te zeggen dat de devotie van Dhr. Shenoy hierna onwankelbaar werd en na verloop van tijd ging hij in de ashram wonen.

Toen wij op een morgen allemaal rondom Amma zaten, kwam Sarasamma op Haar afgerend. Zij was een vrouwelijke toegewijde van Amma die in een dorp ongeveer twaalf kilometer van de ashram woonde. Zij viel op Amma's schoot en huilde hysterisch. Amma bleef gewoon zitten met een gelukzalige glimlach op haar gezicht. Sarasamma kalmeerde uiteindelijk een beetje, ging rechtop zitten en probeerde te spreken, maar de woorden bleven in haar keel steken. Het duurde even voordat zij een hoogst interessante ervaring begon te vertellen die haar de vorige dag overkomen was. Ze zei:

"Ik verliet de ashram om ongeveer vier uur 's morgens met mijn zoon Madhu. We stapten in Vallickavu op de bus. Het was pikdonker toen wij ons dorp rond vijf uur bereikten. Ik stapte uit bij de halte waarvan ik dacht dat hij vlak bij mijn huis was en dacht dat mijn zoon door de andere deur van de bus was uitgestapt.

Onmiddellijk nadat ik uitgestapt was, trok de conducteur aan de bel en de bus reed in het duister weg. Toen ik rondkeek, kon ik mijn zoon niet vinden en spoedig realiseerde ik me dat ik op een eenzame plek was, ongeveer twee kilometer van mijn huis. Mijn zoon vertelde me later dat hij geschokt was dat hij mij niet in de bus zag, toen hij zich omdraaide. Hij stapte bij de volgende bushalte uit en begon terug te rennen naar waar ik was, wat een flinke afstand was.

Ik was onthutst en wist niet wat te doen, maar ik herinnerde mij Amma's afscheidswoorden: 'Wees vandaag erg voorzichtig.' Ik hield Amma's *prasad* [9] stevig in mijn rechterhand vast. Ik zag een vrachtwagen op korte afstand verder op de weg stoppen. Zeven of acht mannen stapten uit en liepen naar mij toe. Misschien hadden zij een eenzame vrouw uit de bus zien stappen op deze verloren plek. Ik werd omgeven door deze stoer uitziende rouwdouwers en trilde van angst toen ze de ene na de andere vraag op mij afvuurden en vulgaire taal gebruikten. Ik dacht dat ze me ieder moment aan konden vallen. Er woedde een hevig vuur in mij. Is dit het lot van degenen die de Heilige Moeder gaan opzoeken? Is dit het resultaat van mijn levenslange devotie? Zulke gedachten brandden er in mij en deden mij mijn omgeving vergeten. Ik schreeuwde uit alle macht "Amma!" Dit deed de rouwdouwers rondom mij schrikken.

Wat hierop volgde is moeilijk onder woorden te brengen. Plotseling en onverwachts verscheen de stralende vorm van de Goddelijke Moeder voor mij in de lucht met talloze armen en verschillende wapens in haar handen. Ze zat op een enorm dier. Haar gezicht, haar en kroon leken precies op die van Amma tijdens Devi Bhava. Amma had de verschrikkelijke vorm van Kali aangenomen om haar toegewijde te redden! Toen ik me dit realiseerde begon ik mijn uiterlijk bewustzijn te verliezen. De

---

[9] Gewoonlijk voedsel of bloemen die gezegend zijn.

Goddelijke Moeder strekte haar armen naar mij uit. Ik staarde naar haar stralende vorm en mijn ogen waren onbeweeglijk op haar gericht en begonnen uit te puilen. Toen mijn tong uit mijn mond begon te hangen als die van Moeder Kali, voelde ik dat een reusachtige kracht mijn lichaam doordrong. Een ontstellend gelach barstte uit mij los. Alleen al de herinnering hieraan doet mij de rillingen over mijn rug lopen. De lucht trilde met dat afgrijselijke gelach. De herrieschoppers, die op het punt stonden om op me af te springen, werden van hun stuk gebracht toen zij deze angstaanjagende vorm die bulderde van het lachen, onbevreesd voor zich zagen staan met haar haar in de war, uitpuilende ogen en een uitstekende tong! Misschien dachten ze dat ik een kwade geest was in plaats van een mens! Zij verloren al hun moed, veranderden van koers en bliezen de aftocht. Ze liepen langzaam terug. Ze haastten zich naar de vrachtwagen en reden in allerijl weg.

Zelfs na hun vertrek was ik niet in staat om me te bewegen. Geleidelijk begon ik mijn normale bewustzijn terug te krijgen terwijl de betoverende vorm van Moeder Kali tegelijkertijd verdween. Mijn lichaam voelde verdoofd alsof het verlamd was. Het duurde een paar minuten voordat ik me een beetje kon bewegen en de uitstekende tong terug in mijn mond ging. Maar ik kon mijn uitpuilende, verstarde ogen nog niet bewegen. Pas nadat ik die een tijdje gemasseerd had, voelde ik dat ze weer normaal werden. Mijn keel deed enorm pijn door het brullende gelach. Toen ik naar beneden keek, zag ik dat ik Amma's prasad nog steeds in mijn hand geklemd had." Toen Amma dit verhaal hoorde, zat zij daar eenvoudig met een bevallige, alwetende glimlach die om haar lippen speelde.

Hoofdstuk 3

De ashram wordt opgericht

In 1982 werd Amma's ashram officieel ingeschreven als een lief-
dadigheidsinstelling zonder winstoogmerk. De ashram bestond
toen slechts uit ongeveer tien van ons inclusief Amma. Toen
Gayatri en ik begin 1980 naar Vallickavu kwamen om ons daar
te vestigen, verbleef daar slechts één *brahmachari* permanent. Hij
heette Unnikrishnan. Hij was een toegewijde van de Goddelijke
Moeder, had zijn huis verlaten en was een rondtrekkende monnik
geworden. In 1976 werd hij Amma's eerste spirituele zoon. Hij
bleef een sober leven leiden en zorgde voor de dagelijkse rituele
aanbidding van de Goddelijke Moeder in de kleine tempel waar
Amma drie avonden per week Devi Bhava gaf. In die tijd verbleven wij allemaal in een kleine hut van kokosbladeren als we tijd
hadden om te rusten, wat erg zelden was. Sommige mensen die
zagen dat anderen toestemming kregen om blijvend bij Amma
te wonen, wilden dat ook. In deze tijd kwamen Balu, Venu,
Shrikumar, Ramakrishnan, Rao en een paar anderen voorgoed
naar de ashram.

Amma was erg kieskeurig over wie er in de ashram kon
blijven. Ze hield met veel factoren rekening: of hun familie
financieel moest lijden omdat hun kind geen geld verdiende om
hen te steunen, hoe serieus ze waren met hun spirituele aspira-
ties en hoe diep ieders relatie met haarzelf was. Ze had een erg
duidelijk beeld van de toekomst en achter al haar handelingen
zat een bepaalde bedoeling. Ze was geboren voor het spirituele
welzijn van de wereld en ze vond dat er om dat te verwezenlijken
een groep jonge mensen getraind in het spirituele leven moest

worden, leerlingen die ze naar verschillende delen van India en de wereld kon uitzenden om echte spiritualiteit te verspreiden.

In de vorige eeuw was er een grote ziel, Shri Ramakrishna Paramahamsa uit Bengalen, die ook een dergelijke missie had. Hij gaf al zijn energie aan de spirituele groei van zijn toegewijden, zelfs als het ten koste van zijn eigen leven en gezondheid ging. Hij trainde uiteindelijk een groep jongemannen om zijn werk uit te voeren. Er zijn talloze mensen die hem, net als Jezus Christus, als een incarnatie van de Heer zien, die welbewust en met een speciaal doel in deze wereld kwam en er niet hulpeloos ingeworpen werd door de kracht van *karma* uit het verleden. Veel mensen denken hetzelfde over Amma, dat zij de Goddelijke Moeder zelf is, die naar deze wereld gekomen is met het speciale doel om de wereld spiritueel te verheffen. De Heer verklaart in de *Bhagavad Gita* dat Hij steeds in deze materiële wereld geboren zal worden wanneer de behoefte ontstaat om *dharma* te beschermen tegen de afbrekende invloed van de tijd:

> Steeds wanneer er een achteruitgang in religie is, O Bharata, en een toename van ongodsdienstigheid, dan manifesteer Ik Mijzelf. Voor de bescherming van de goeden, voor de vernietiging van de kwaaddoeners, voor het stevig grondvesten van religie, word ik in ieder tijdperk geboren.

Bhagavad Gita, Hoofdstuk 4, vers 7 en 8

Omdat de wezenlijke aard van de tijd verandering is, heeft de wereld bij wijze van spreken voortdurend spiritueel onderhoud nodig. En dus moet de Allerhoogste telkens opnieuw afdalen.

Eens, toen er slechts een paar mensen bij Amma verbleven, sprak ze over het doel van haar leven. Ze vertelde ons dat ze een grote groep van jonge aspiranten zou opleiden om spirituele kennis onder de mensheid te verspreiden. Ze zei ook dat er een dag zou komen waarop ze vele malen rond de wereld zou moeten reizen om de mensen buiten het heilige land van India vrede te geven. Haar woorden schokten en verontrustten iedereen. Ze was nooit meer dan een paar kilometer buiten het dorp geweest. Als zij de wereld rond zou trekken, wie zou er dan voor haar zorgen? En wie zou er zorgen voor hen die hier bij haar verbleven? We dachten dat ze misschien alleen maar grappen maakte.

In deze tijd maakte Amma de uniekheid van Shakti Prasad bekend, haar *manasa putra* of "uit de geest geboren zoon", zoals zij hem noemde. Zij liet doorschemeren dat hij een grote kracht ten goede in de wereld zou worden, omdat hij een gedeeltelijke reïncarnatie van de Goddelijke Moeder was, die door Amma's eigen wil in leven geroepen was. Er is een verhaal in de geschriften van India over een wijze genaamd Vishvamitra, die voor zijn toegewijde Trisankhu een wereld schiep om in te leven. Er is ook een verhaal in het Vedantische boek *Yoga Vashishta*, dat de schepping van een wereld door een jonge wijze vermeldt. Toen ik haar een keer vroeg of de oude wijzen werkelijk door hun wilskracht konden scheppen, zoals in deze verhalen vermeld wordt, antwoordde ze: "Zeker! Heeft Amma Shakti Prasad niet geschapen?" Dit lijkt misschien een grote bewering voor degenen die Shakti's geschiedenis niet kennen, maar ik heb er geen twijfel over dat er ooit een kind onder zulke ongewone omstandigheden geboren is.

Shakti's ouders waren Vidyadharan en Omana in een dorp ongeveer acht kilometer van Amma's ashram. Zij waren niet met kinderen gezegend, zelfs niet na negen jaar huwelijk. Toen zij over Amma's wonderbaarlijke, goddelijke kracht hoorden, besloten zij om het erop te wagen en haar te vragen hen met een kind te zegenen. De twee kwamen in 1977 naar de ashram maar voordat Omana iets tegen Amma kon zeggen, riep zij haar en zei: "Dochter, ik weet dat je een kind wilt. Ik zal je verdriet

Moeder met Shakti Prasad

wegnemen en je zult over vier maanden vanaf vandaag zwanger worden. Maak je geen zorgen." En inderdaad, na vier maanden begon Omana tekenen van zwangerschap te vertonen. Na de vierde maand ging ze naar het ziekenhuis voor een onderzoek. De dokters bevestigden haar zwangerschap, maar haar verbazing was groot toen dezelfde dokters in de negende maand verklaarden dat er geen kind in haar baarmoeder was. Het wonderlijke was dat haar buik nog steeds volledig opgezwollen was zoals bij een vrouw die bijna gaat bevallen. Er werden verschillende tests gedaan en zij gaven allemaal een negatieve uitslag. Uiteindelijk werd er een röntgenfoto genomen en tot verbazing van de dokters zagen ze alleen een dichte wolk in haar baarmoeder. Ze werd toen voor consult naar verschillende ziekenhuizen gebracht, maar geen enkele dokter kon tot een conclusie komen of er wel of niet een kind in haar baarmoeder zat.

Omana kwam naar Amma in een gedeprimeerde stemming, maar Amma troostte haar: "Wees moedig. Dat kind is goddelijk en geen enkele röntgenstraal zal het kunnen fotograferen." Dagen en maanden gingen voorbij. De buren hielden haar voor de gek en zeiden dat ze het leven ging schenken aan een olifant. Maar Omana en haar man verloren nooit hun vertrouwen in Amma. Het was hun zwaarste test. Tijdens de zestiende maand van haar zwangerschap zei Amma uiteindelijk tegen Omana dat ze voor de bevalling naar het ziekenhuis moest gaan. Ondanks haar grote buik konden de doktoren geen tekenen van een kind vinden. Na veel discussie besloten ze uiteindelijk tot een keizersnede. Toen ze de operatie voltooid hadden, waren ze verbaasd om een gezond mannelijk kind in haar baarmoeder aan te treffen. Amma gaf hem de naam "Shakti Prasad", wat "Zegen van de Goddelijke Energie" betekent.

Shakti begon op driejarige leeftijd te mediteren en zat met gesloten ogen "Om namah Shivaya" of "Ik groet de Gunstig

Gezinde" te herhalen. Steeds als hij naar de ashram kwam, ging hij direct naar Amma en ging naast haar zitten en legde bloemen op haar voeten. Eens maakten enkele bezoekers grappen over hem en zeiden: "Hé, waar denk je aan wanneer je je ogen sluit?" Hij antwoordde: "Wat weten jullie daarvan? Ik zie een prachtig licht opgebouwd uit veranderende kleuren in mijn voorhoofd!" Amma zegt dat ze wanneer ze voelt dat het de juiste tijd is, het kleine scherm van onwetendheid dat ze in zijn geest gehouden heeft, zal verwijderen zodat hij dan zal weten dat hij één is met God. Dan zal zijn werkelijke grootheid zich openbaren en zal zijn werk in deze wereld beginnen.

Nadat Amma deze dingen had uitgelegd, glimlachte ze. Een jongen die vlakbij zat, zei: "Jeetje, Amma, U heeft een goed plan." Amma keek hem geamuseerd aan en zei: "Dank je, ik ben blij dat je het goedkeurt!"

Bhargavan, één van de dorpelingen, was een regelmatige bezoeker van de ashram. Hij kwam voor iedere Bhava Darshan naar de ashram en geloofde volledig dat de ziel van Sri Krishna op dat moment Amma's lichaam was binnengegaan. Het is niet ongebruikelijk dat iemand zo denkt, want zulke overtuigingen zijn een integraal deel van het religieuze leven in dorpen als dat waar Amma woont. De eenvoudige mensen hebben geen idee wat Zelfrealisatie is of wat een visioen van God is. God is voor hen van nut als iemand die hun gebeden kan verhoren en hun wensen kan vervullen. Hoewel zij beseffen dat God alomtegenwoordig is, denken zij dat Hij het makkelijkst in de tempel te benaderen is en dat Hij blij is met rituele offers. Als Hij de dingen krijgt waar Hij van houdt, dan is Hij geneigd om Zijn toegewijden te zegenen met wat zij willen. Zo simpel zijn de overtuigingen van de dorpelingen. Het idee dat God in ieders hart is als de Innerlijke Waarheid voorbij het individuele ego, komt nooit in hen op. Daarom was het idee dat God Amma tijdens de Bhava Darshans tijdelijk in bezit nam, de enige manier waarop zij haar hoogst ongewone gedrag konden interpreteren. Als Bhargavan dus voor darshan kwam, voelde hij werkelijk dat hij Krishna Zelf zag. Hij had geen benul van Amma's spirituele grootheid. Hij dacht dat ze een gewoon dorpsmeisje was dat erg bofte.

Op een dag vertelde hij Amma dat hij naar de beroemde Krishnatempel in Guruvayūr zou gaan, dat ongeveer tweehonderd en veertig kilometer ten noorden van de ashram ligt. Amma zei tegen hem: "Zul je daar Krishna kunnen zien?"

"Natuurlijk, waarom zou ik anders zo ver gaan?" antwoordde hij. Hij vertrok toen en kwam 's avonds in Guruvayūr aan. Maar jammer genoeg had hij vergeten om zijn bril mee te nemen en daardoor kon hij het beeld van de Heer niet zien. Hij kon alleen een wazige vorm zien. Hij keerde teleurgesteld naar huis terug en ging tijdens Krishna Bhava naar Amma's darshan. Amma glimlachte ondeugend en zei: "Was je je bril vergeten? Wanneer Ik híér ben, waarom ben je dan dáárheen gegaan om Mij te zien?" Onnodig om te zeggen dat Bhargavan van toen af alle belangstelling voor het bezoeken van tempels verloor.

Als men wilde zien wat voor iemand Heer Krishna was, kon men dat doen door Amma in Krishna Bhava te zien. Krishna's naam betekent "hij die aantrekt" en van Hem wordt gezegd dat Hij de meest betoverende van alle wezens was. Dit was ook de indruk die men kreeg als men tijdens Krishna Bhava voor Amma stond. Ze leek een mengsel te zijn van alwetendheid en ondeugendheid. Ze bood iemand een stuk banaan aan en als hij op het punt stond erin te bijten, trok ze die plotseling weg. Dit gaf natuurlijk golven van gelach in de hele kamer, maar men voelde zich niet in verlegenheid gebracht want was het niet God zelf die met dit spel bezig was? Soms goot ze wat heilig water in iemands mond en bleef gieten totdat het over hun borst op de grond stroomde. Als iemand haar boter aangeboden had, hield ze dat voor hun neus om een hapje te nemen en als ze dat probeerden, smeerde ze het op hun neus! Haar gedrag kwam overeen met de verhalen die men leest over het spel van de Heer tijdens Zijn jeugd in Vrindavan.

Een paar maanden nadat Balu, één van de brahmachari's, zich in de ashram gevestigd had, zaten hij en ik op een dag in de hut. Ik luisterde met oortelefoons naar een opname van Amma's gezang, toen zij binnenkwam en precies dezelfde melodie begon te zingen in maat met de tape. Ze kon onmogelijk iets uit de oortelefoons gehoord hebben, omdat ik het volume heel laag gezet had. Ik keek haar aan met een geschrokken uitdrukking en vroeg haar hoe ze wist waar ik naar luisterde. Ze gaf eenvoudig een veelbetekenende glimlach en ging naar de andere kant van de hut. Ze leek met een handdoek te spelen en pro beerde die om haar hoofd te binden. Tenslotte draaide ze zich om met een tulband op haar hoofd en wierp een blik naar ons. Tot onze grote verrassing zagen we haar in Krishna Bhava. Even later keerde ze zich van ons af en wendde zich opnieuw naar ons. Ze was nu weer gewoon zichzelf. Na dit incident waren we ervan overtuigd dat Amma haar Goddelijke Stemmingen geheel in de hand heeft, om te tonen of niet te tonen wat en wanneer ze verkoos. Tot dan toe had Amma onschuldig staande gehouden dat haar Bhava's in Gods handen waren. We kwamen nu haar geheim te weten: dat zij en de Heer één waren. In een ongewone stemming zei Amma: "Als je de Krishna die vijfduizend jaar geleden in Vrindavan leefde, wilt zien, kun je Hem hier zien (ze wees naar zichzelf). De Goddelijke Moeder en Krishna verblijven beiden in deze malle meid!"

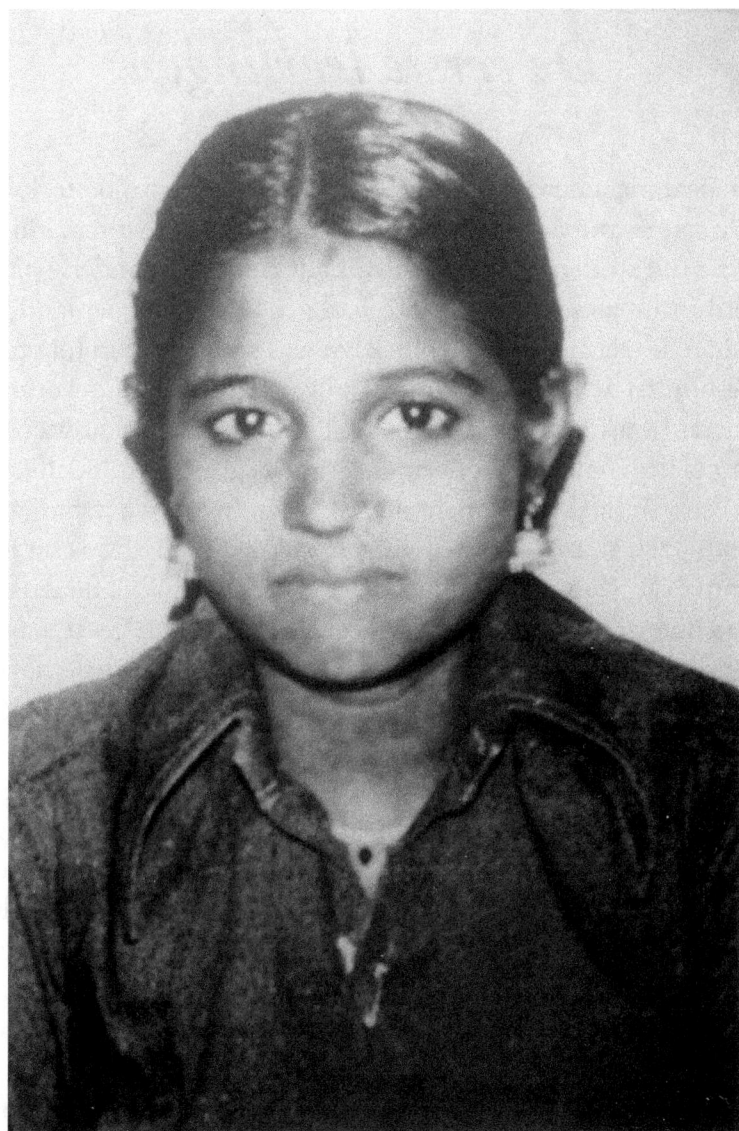

Hoofdstuk 4

De eerste leerlingen

Een paar maanden voordat ik Amma eind 1979 ontmoette, kwam Balu (nu Swami Amritaswarupananda Puri) naar Amma. Hij was in die tijd student aan een universiteit en was bijzonder getalenteerd in muziek en toneel. Hij had gehoord dat er iemand met goddelijke vermogens in Vallickavu was en dus kwam hij op een dag om het zelf te zien. Omdat hij vanaf zijn jeugd devotioneel van aard was, werd hij diep geraakt door de hartstocht waarmee Amma liederen voor God zong. Amma begreep onmiddellijk dat hij één van haar eigen mensen was. Toen hij voor darshan ging, kon hij zijn tranen niet bedwingen, zo overweldigd was hij door Amma's zuivere, moederlijke affectie. Hoewel hij na de darshan naar huis ging, was hij nooit meer dezelfde. Zijn geest was vol van de gedachte aan Amma, en het verlangen om haar te zien nam hem in beslag. Dit patroon herhaalde zich telkens opnieuw bij alle toegewijden die dicht bij Amma stonden.

Op een nacht werd Balu wakker en rook een goddelijke geur in zijn kamer. Vlak daarop voelde hij dat iemand zachtjes zijn voorhoofd streelde. Hij was geschokt toen hij zag dat het Amma was. Ze glimlachte naar hem en zei: "Mijn zoon, Amma is altijd bij je. Maak je geen zorgen." Voordat hij een woord kon zeggen, was Zij verdwenen.

Vanzelfsprekend kon Balu zijn ogen niet geloven. De volgende ochtend haastte hij zich naar Vallickavu om de echtheid van zijn visioen te bevestigen, maar hij was teleurgesteld toen hij zag dat Amma er niet was. Hij at de hele dag niet terwijl hij op haar wachtte. Toen ze 's avonds eindelijk terugkeerde, ging ze meteen naar de keuken en bracht een bord rijst dat zij hem met haar eigen handen voerde. Toen zei ze: "Zoon, afgelopen nacht is Amma naar je toegekomen!" Toen Balu deze woorden hoorde, werd hij overweldigd door de gedachte aan Amma's affectie voor hem en barstte in tranen uit.

Balu kwam bij Amma wonen rond dezelfde tijd dat Gayatri en ik ons daar vestigden. Zij onderwierp hem aan zware tests om te zien of hij echt overal afstand van wilde doen en zich aan het spirituele leven wilde wijden. Ze stuurde hem weg voor een baan ongeveer tachtig kilometer van de ashram en vroeg hem om in het huis van een toegewijde te overnachten. Hij was daar niet langer dan een paar weken toen hij naar de ashram terugkeerde en weigerde om terug te gaan naar het werk. Hij kon de scheiding van Amma niet verdragen. Amma besloot toen om hem te laten studeren voor een doctoraal in de filosofie. Na lang zoeken vond hij uiteindelijk een professor die hem les wilde geven in het onderwerp, maar deze man was niet geneigd om naar de ashram te komen. Na veel vleien stemde hij ermee in te komen, maar hij wilde Amma niet zien. Tijdens Devi Bhava liet Balu hem ergens alleen achter toen hij voor Amma ging zingen. Groot was zijn verbazing toen hij de professor de tempel in zag rennen en zich volledig voor Amma's voeten ter aarde zag werpen. Natuurlijk kwam de professor van toen af regelmatig naar de ashram om Balu filosofie te onderwijzen en om van Amma's darshan te genieten. Na verloop van tijd slaagde Balu voor zijn doctoraalexamens.

Venu (nu Swami Pranavamritananda Puri) was Balu's jongere broer. Toen hij van zijn broer over Amma hoorde, was hij helemaal niet geneigd om naar haar toe te gaan. Hij zei minachtend: "Ik ga dat vissersmeisje niet opzoeken." Toen Amma dat hoorde, zei ze: "Hij is ook mijn zoon en zal hierheen komen." Amma's woorden baarden Balu zorgen, want er was al de nodige onrust bij hem thuis omdat hij het wereldlijke leven had opgegeven en in de ashram was gaan wonen. Wat zou er gebeuren als een tweede zoon van zijn ouders hetzelfde zou doen?

Op een dag ging Amma op bezoek bij Balu's tante, waar Venu tijdens zijn studie verbleef. Toen Venu haar daar zag, liep hij haar voorbij en negeerde haar volledig. Amma werd door zijn onbeleefdheid niet van de wijs gebracht. Ze ging naar hem toe en nam zijn handen in de Hare en zei liefdevol: "Ben jij niet de broer van mijn zoon Balu? Amma heeft ernaar gesmacht om je te zien." Venu's weerstand brak meteen door Amma's onschuldige, moederlijke liefde. Sommigen van ons keken elkaar aan en fluisterden: "De overeenkomst is gesloten. Hij is ingepakt," en we moesten lachen. En hij was echt ingepakt. Hoewel Venu er op de een of andere manier in slaagde om zijn studies af te maken en voor zijn examens te slagen, had hij alle belangstelling voor het wereldlijke leven verloren. In de geest van verzaking schoor hij spoedig zijn lange haren af en kwam in de ashram wonen.

Shrikumar (Swami Purnamritananda Puri) woonde in een dorp ongeveer vijftien kilometer van Balu's dorp. Hij hoorde over Amma en kwam haar in 1979 opzoeken. Het was een cruciale periode in zijn leven omdat zijn geest overmand werd door twijfels over het bestaan van God. "Als God bestaat, waarom zijn dan weinig mensen gelukkig en lijdt de meerderheid in deze wereld?" Deze gedachte kwelde Shrikumar en hij dacht dat hij het antwoord misschien bij Amma kon vinden. Toen hij haar en haar liefdevolle blik zag en de goddelijke aanwezigheid en heilige atmosfeer voelde die alles om haar heen doordrong, was zijn geest vol gelukzaligheid. Maar hij was verbijsterd over Amma's hoogst ongebruikelijke gedrag. Soms gedroeg ze zich als een klein en onschuldig kind en speelde met de toegewijden. Soms zong en danste ze. Dan weer huilde ze in extase van verlangen naar God. Het ene moment was ze diep geabsorbeerd in meditatie, maar het volgende moment rolde ze over de grond van het lachen. Amma voerde Shrikumar met haar eigen handen en instrueerde hem spoedig na zijn komst in spirituele principes. Haar heiligheid, moederlijke liefde en ongewone, extatische gedrag bonden hem aan haar en het duurde niet lang eer Shrikumar besloot om bij Amma te gaan wonen. Toch zou dit nog wel even duren, want zijn ouders waren niet geneigd om hem te laten gaan. Hij was hun enige zoon en zij verwachtten dat hij voor hen zou zorgen na hun pensionering. Daarom werd hij na zijn afstuderen naar een afgelegen plaats weggestuurd om daar te werken.

Shrikumars lot was hetzelfde als dat van Balu: hij kon eenvoudig niet bij Amma wegblijven en een baan hebben. Hij leidde een ellendig leven in Bangalore, waar hij verstrooid zijn werk deed, terwijl hij aan Amma dacht. Na een maand keerde hij met hoge koorts naar huis terug en werd onmiddellijk in het ziekenhuis opgenomen. Toen hij in het ziekenhuis lag, had hij de volgende ervaring:

"Mijn vader was weggegaan om wat koffie voor me te halen. Ik was alleen in de kamer toen plotseling mijn handen en benen als het ware verlamd werden. Een koele en zachte bries waaide er over mij en tot mijn grote verrassing zag ik Amma de kamer binnenkomen. Met een beminnelijke glimlach liep ze naar mij toe. Als een klein kind begon ik te huilen. Toen ging ze bij me zitten en legde zonder een woord te zeggen mijn hoofd in haar schoot. Ik was door emoties overmand en de woorden stokten in mijn keel. De schittering van Amma's lichaam doordrong de kamer en zij was zelf door een goddelijk licht omgeven. Net op dat moment werd de deur geopend en kwam mijn vader binnen. Toen verdween Amma onmiddellijk." Shrikumar werd uiteindelijk een permanente bewoner van de ashram.

Ramesh Rao (nu Swami Amritatmananda Puri) was de lievelingszoon van een rijke textielhandelaar en werkte in de winkel van zijn vader. Maar het langzame leven in zijn dorp trok hem niet aan. Hij wilde voor werk naar het buitenland gaan, naar de Perzische Golf en was bezig om te proberen daar een baan te krijgen, toen hij over Amma's goddelijke vermogens hoorde. In juni 1979 kwam hij voor de eerste keer naar Vallickavu om te proberen meer over zijn toekomst te weten. Hij had er geen idee van wat voor grote veranderingen er hem te wachten stonden. Voordat hij iets tegen Amma kon zeggen, zei ze tegen hem: "Zoon, jij probeert de oceaan over te steken. Amma zal het mogelijk maken als je dat wenst. Maak je geen zorgen."

Deze alwetende woorden waren het begin van het einde van Rao's wereldlijke leven en het begin van zijn spirituele leven. Hij ging naar huis en probeerde zich in te zetten voor zijn zaken in de textielwinkel, maar hij merkte dat het onmogelijk was om zijn geest op iets dergelijks te concentreren. Hij verlangde er alleen maar naar om Amma weer te zien. Dit verlangen werd zo intens dat hij de winkel op veel dagen vroeg sloot en zich naar Vallickavu haastte. Hij begon veel dromen te krijgen over de Godin van het Universum die in Amma's vorm voor hem verscheen. Iedere dag nam zijn rusteloosheid toe evenals zijn verlangen om God te realiseren. En wat is daar zo verwonderlijk aan? Men ondervindt dat in Amma's aanwezigheid de geest van nature naar God en naar goddelijke gedachten gaat.

Op een dag toen Rao naast Amma zat, verloor hij alle bewustzijn van de wereld en meer dan vijf uur lang ervoer hij dat hij een twee jaar oud kind was dat dreef op de Oceaan van de Gelukzalige Goddelijke Moeder. Amma riep hem uiteindelijk en bracht hem terug naar deze wereld van naam en vorm. Na deze ervaring verloor Rao het kleine beetje smaak voor de genoegens van de wereld dat nog in hem over was. Hij ging niet langer naar zijn winkel en bracht weken achter elkaar bij Amma en de andere bewoners door. Dit veroorzaakte natuurlijk veel onrust bij zijn familie. Hoewel bijna iedereen in India weet dat Godsrealisatie het echte doel van het leven is, wensen ouders zeer zelden dat hun kinderen de wereld verzaken en hun leven aan dat verheven doel wijden. Zij vinden dat men van de genoegens van het huwelijksleven moet genieten, rijkdom en eigendom moet vergaren en dan op hoge leeftijd spirituele *sadhana* moet beoefenen. Maar zij vergeten dat tegen de tijd dat men op hoge leeftijd is (als men van tevoren niet sterft!), de geest zo vastzit in zijn gewoonten dat het bijna onmogelijk is om je op God te concentreren. Hoe kun je je op God concentreren nadat je zeventig of tachtig jaar met wereldse objecten bezig bent geweest? Kan een oude hond nieuwe kunstjes leren?

Vele jaren geleden was het in India verplicht dat kinderen op zeer jonge leeftijd van huis weggestuurd werden en ondergebracht werden in een *gurukula* (het huis of de ashram van een traditionele leraar). Daar bestudeerden en reciteerden ze de oude geschriften en dienden hun ouderen en leraar onbaatzuchtig. Zij beoefenden beheersing over de zintuigen en leidden een eenvoudig en nobel leven. Pas na twaalf jaar van zo'n gedisciplineerd leven trouwden ze als ze dat wilden, en genoten ze van materiële rijkdom en wereldse genoegens. Maar zelfs dan mochten ze de studie van de geschriften, aanbidding en een bepaalde mate van zelfbeheersing niet opgeven. Nadat zij deugdzame kinderen gekregen hadden, hoorden ze het gezinsleven rond de leeftijd van vijftig te verlaten en in een ashram of bos te leven. De rest van hun leven wijdden zij dan aan geconcentreerde spirituele oefening met Godsrealisatie als doel. Omdat zij in hun jeugd een stevig fundament gelegd hadden en op middelbare leeftijd doorgingen, konden zij zonder veel moeilijkheden een overgang maken naar een leven van totale verzaking en zelfbeheersing. Dat was het ideaal in de oude tijd. Tegenwoordig volgt niemand zo'n weg van een levenslange training. Zeventig jaar lang een volkomen werelds leven leiden, een beetje bidden en vereren, af en toe eens naar de tempel gaan, en dan verwachten dat men in staat zal zijn om zich op het laatst op God te concentreren en uiteindelijk in Hem op te gaan. Dit is erg ijdele hoop. Als dat genoeg zou zijn om Zelfrealisatie te bereiken, waarom hebben zoveel mensen zich dan tot het uiterste ingespannen door hun hele leven te worstelen om hun ronddwalende geest te beheersen en hem op de Allerhoogste te richten?

Omdat de huidige wereld is zoals hij is, is het geen wonder dat Rao's ouders niet geneigd waren om hem monnik te laten worden, want het was duidelijk dat hij met volle snelheid die kant uit ging. Amma zei tegen Rao dat hij naar huis moest gaan en de toestemming van zijn ouders moest krijgen om in de ashram te wonen. Dat was alsof je een vette muis opdraagt om aan twee hongerige en stevige katten toestemming te vragen. "Amma, ze zullen problemen maken als ik daar nu heen ga," protesteerde Rao. "Een moedig iemand is iemand die alle moeilijkheden kan overwinnen," antwoordde Amma kalm. Ze wilde Rao niet zo makkelijk als monnik accepteren. Hij voelde zich sterk aangetrokken tot het wereldse leven voordat hij naar haar toekwam en zij wilde er zeker van zijn dat hij de innerlijke essentie had, de kwaliteiten van een monnik voordat zij hem de wereld voor altijd liet opgeven. Wat schijnt Amma wreed en wat is ze wijs!

Nadat Rao naar huis gegaan was, hielden zijn ouders hem daar met geweld vast. Toen ze geen verandering in zijn houding zagen, besloten ze dat zijn plotselinge wereldvreemdheid misschien door een geestelijke ziekte veroorzaakt werd. Na een behandeling van tien dagen in een psychiatrische inrichting, brachten zijn ouders hem naar andere familieleden ver weg van zijn eigen dorp. Daar probeerden ze hem door trucs te verleiden waarbij ze een jong vrouwelijk familielid als lokaas gebruikten, maar hij weerstond alle verleidingen. Rao schreef aan Amma: "Als Amma mij niet redt, pleeg ik zelfmoord!" Na een maand stond men hem toe om naar zijn dorp terug te gaan, omdat het leek dat zijn "gekte" over was. Wat is het toch jammer, maar niet verrassend dat mensen van de wereld denken dat liefde voor God en het verlangen om Hem direct te ervaren, abnormaal zijn. De parels van de mensheid zijn die mensen geweest die in hun dagelijkse leven devotie voor God toonden. Abraham Lincoln, Albert Einstein, Mahatma Gandhi, zij worden door wereldse mensen allemaal als grote persoonlijkheden gezien. Maar deze mensen schreven dat kleine beetje grootheid aan God toe. Zij waren allemaal nederige toegewijden van de Heer. Waarom denken de mensen van de wereld dan dat oprechte devotie voor God een afwijking van de geest is? Zegt het Oude Testament niet dat men de Heer met heel zijn hart, met heel zijn ziel en met heel zijn geest moet liefhebben? Wie is er gek? Degene die van God houdt, of degene die niet eens aan Hem denkt? Zo is de kracht van *Maya*, de Universele Illusie, die de mensen alles ondersteboven gekeerd laat zien.

Nadat Rao naar zijn dorp was teruggegaan, kwam hij opnieuw naar de ashram. Amma stond erop dat hij naar huis terugkeerde totdat zijn ouders hem uit eigen vrije wil toestemming gaven om bij haar te blijven. Dit was voor Rao onaanvaardbaar en dus ging hij niet. Binnen een paar dagen verschenen zijn vader, familieleden en een buslading politieagenten in de ashram. Toen zij hem mee probeerden te nemen, verklaarde Rao: "Ik ben oud genoeg om te beslissen waar en hoe ik mijn leven zal leiden." Maar de politie sloeg geen acht op zijn woorden en dwong hem in een auto om hem opnieuw naar een psychiatrische inrichting te brengen.

Had Amma haar hulpeloze zoon opgegeven? Beslist niet. Op weg naar het ziekenhuis stapte iedereen bij een restaurant uit om te eten. Rao weigerde om met hen mee te gaan en zat in de wagen. Juist op dat moment hoorde hij een stem in hem die zei: "Als je nu ontsnapt zul je gered worden. Anders zul je ten onder gaan." Het volgende ogenblik zag hij een vrije taxi die voor zijn auto gestopt was. Zonder een moment te verspillen sprong hij erin en vroeg de bestuurder om hem naar het huis van een toegewijde te brengen, die in dezelfde stad woonde. Vandaar vertrok hij per nachttrein naar Bombay. Toen hij daar uiteindelijk ontdekt werd, ging hij verder naar het noorden naar de Himalaya's. Hij trok als een bedelaar rond zonder een cent op zak en zelfs zonder warme kleren en bleef vele maanden in het Himalaya-gebied. Tenslotte schreef Amma hem een brief waarin ze zei dat het gevaar voorbij was en dat hij naar de ashram moest komen. Met geld dat hem door mensen van de ashram gestuurd was, keerde Rao terug en vestigde zich als bewoner van de ashram in 1982, nadat hij door Amma zwaar op de proef gesteld was. Nu kon ze er zeker van zijn dat hij tot het einde bij zijn besluit zou blijven. Zo moet je vastberadenheid zijn als je de beslissing genomen hebt om voorbij alle hindernissen te gaan en de innerlijke Waarheid, God te realiseren.

Ramakrishnan (Swami Ramakrishnananda Puri) begon in 1978 Amma te bezoeken. Hij was employé bij een bank dichtbij haar dorp. Vanaf het begin deed Amma's liefdevolle natuur zijn hart smelten en verbond hem met haar. Zijn gekozen vorm van God was de Goddelijke Moeder Mīnakshi zoals Zij belichaamd was in de vorm van de Godin in de beroemde Mīnakshitempel in Madurai in Tamil Nadu. Door Ramakrishnans intense verlangen om haar te zien, werd er een beroep gedaan op Amma's genade en Zij zegende hem met veel visioenen van de Godin. Wat je niet door jaren van zware inspanning kunt bereiken, wordt moeiteloos verkregen door de genade van een Gerealiseerde Ziel.

Amma stelde Ramakrishnans geloof vele malen op de proef zowel voor als na zijn blijvende komst naar de ashram in 1984. Hoewel de guru zich altijd bewust is van zijn of haar alomtegenwoordigheid en almacht, is de leerling dat niet. Het is de taak van de guru om de leerling van dat geloof te doordringen zodat hij de *sadhana* met intense ijver en overtuiging zal beoefenen. Ramakrishnan was de taak toevertrouwd om iedere morgen de kluis in de bank waar hij werkte, te openen en dus werd hij om precies tien uur bij de bank verwacht. Zijn werk was ongeveer honderd kilometer van Amma's ashram. Na de darshan van zondagnacht in de ashram stapte hij 's maandags op een bus en vertrok naar zijn werk. Maar de bus stopte op een plaats ongeveer twaalf kilometer voor zijn bestemming. Hij stapte uit en informeerde naar de volgende bus en werd bezorgd toen hij hoorde dat die hem niet voor tien uur naar zijn kantoor zou kunnen brengen. Hij probeerde toen om een taxi te krijgen, maar zonder resultaat. Begrijpelijkerwijs was hij verdrietig en huilde tot Amma: "O Amma" in de hoop dat zij een oplossing voor hem zou vinden. Per slot van rekening was hij zondag naar de ashram gegaan uit devotie voor haar, om haar te dienen tijdens Devi Bhava. Was het niet haar plicht om voor hem te zorgen? Binnen een paar tellen kwam er een vreemdeling op een scooter aanrijden en bood hem een rit aan naar de stad waar hij werkte. Toen hij daar aankwam, stapte hij precies om tien uur de bank binnen! Toen hij Amma dit wonder vertelde, was haar commentaar: "Eén roep is genoeg als je die met concentratie doet. God zal komen."

Op een dag zei Amma tegen Ramakrishnan op serieuze toon: "Er zijn een aantal mannen die nog steeds naar meisjes kijken, zelfs nadat ze een leven van verzaking begonnen zijn." "Wie is dat, Amma" "Jij!" antwoordde ze. "Wie? Ik? Amma maakt aanmerkingen op me, hoewel ik onschuldig ben," protesteerde hij.

"Is er niet een vrouw die op het bureau naast je werkt en die een neusring draagt? Kijk je niet iedere dag naar haar? Maar maak je geen zorgen, mijn zoon. Ik weet dat je naar haar kijkt omdat ze jou aan mij doet denken" antwoordde Amma lachend.

Nadat Ramakrishnan naar zijn werk vertrokken was, vertelde Amma mij het voorval en zei giechelend: "Ramakrishnan heeft vandaag een glimp van Amma's siddhi's gezien!"

Dit waren enkele leerlingen van Amma die voorbestemd waren om *sannyasi* of monnik te worden. Ik gebruik het woord "voorbestemd" omdat zulke mensen niet talmen of rekenen voordat zij het wereldlijke leven verlaten voor een leven van verzaking. Zij zien eenvoudig geen alternatief. Zij kunnen een andere levensstijl niet verdragen en zullen die niet accepteren. Nu moet men niet denken dat gehuwde mensen of zij die geen monnik zijn, geen echte spiritualiteit kunnen bereiken. Ik hoorde Amma eens het volgende tegen een groep getrouwde toegewijden zeggen:

"Iemand met een gezinsleven kan zeker Realisatie bereiken, maar hij of zij moet een echt gezinshoofd (*grihasthashrami*) zijn. Hoewel hij bij zijn gezin woont, moet hij hetzelfde leven leiden als iemand in een ashram en alleen voor God leven. Dat is het echte *grihasthashrama* of huwelijksleven. Het is mogelijk om een spiritueel leven te leiden terwijl men in de wereld leeft. Er is één voorwaarde: dat men zijn activiteiten onbaatzuchtig verricht, zonder enige gehechtheid, en alles overgeeft aan de voeten van de Heer. Alle handelingen moeten met absolute toewijding verricht worden. Iemand van de wereld moet voortdurend zijn onderscheidingsvermogen gebruiken en denken: 'Alles behoort aan God toe. Niets is van mij. Alleen God is mijn echte vader, moeder, verwant en vriend.'

Iemand met een gezinsleven die een spiritueel leven wil leiden nadat hij zijn verantwoordelijkheden in de wereld volbracht heeft, moet vanaf het eerste begin verzaking beoefenen, omdat dat niet gemakkelijk bereikt wordt. Verzaking vereist constante en langdurige oefening. Hij is misschien niet in staat om alles uiterlijk op te geven, maar hij moet proberen om innerlijk onthecht te zijn. Om deze geest van innerlijke onthechting te bewaren, is *lakshya bodha* (gerichtheid op het spirituele doel) belangrijk.

Iemand die een goed gezinsleven wil leiden, moet innerlijk een sannyasi zijn. Amma zegt niet dat iemand zijn plichten moet ontvluchten. Hij moet zijn plichten zo goed als hij kan vervullen. Het is niet goed om voor het leven op de loop te gaan. Dat is lafheid. Iemand die het leven ontvlucht, is niet geschikt als spiritueel zoeker. Daarom liet Krishna Arjuna niet wegrennen van het slagveld. Het leven is een strijd. Het is niet iets dat je moet vermijden. Bovendien kun je het niet vermijden. Je kunt wegrennen naar een afgelegen bos of naar een ashram om aan het leven te ontsnappen, maar het leven zal je ook daar achtervolgen. Net zoals je niet aan de dood kunt ontsnappen, kun je niet aan het leven ontsnappen. Je kunt alleen proberen om beide te transcenderen. Daarom probeert een verstandig mens niet om aan het leven te ontsnappen, maar leidt hij een verstandig leven en schenkt de juiste aandacht aan zijn zaken.

Het is een wijze manier van leven om een goede spirituele basis te hebben. Zover als mogelijk is moet je proberen om zoveel je kunt onthecht te zijn, zodat je je op totale verzaking kunt voorbereiden. Maar omdat de meeste mensen geen sannyasi zijn, moeten zij hun rol in de wereld goed spelen.

Wij zijn tegenover God verplicht om aan de lijdende mensheid mededogen te tonen. Onze spirituele zoektocht moet beginnen met onbaatzuchtige dienstverlening aan de wereld. Mensen zullen teleurgesteld worden als zij zitten te mediteren met de verwachting dat zich een derde oog zal openen nadat ze de andere twee gesloten hebben. Dit zal niet gebeuren. We kunnen onze ogen niet voor de wereld sluiten omwille van spiritualiteit en dan verwachten te groeien. Eenheid waarnemen terwijl men met open ogen naar de wereld kijkt, dat is spirituele Realisatie.

Of men nu een gezin heeft of sannyasi is, verzaking is de weg naar het doel. Innerlijk moet iemand met een gezin een sannyasi zijn. Uiterlijk moet hij actief zijn en zijn taken netjes en goed uitvoeren. Als iemand een spiritueel leven leidt, terwijl hij een gezin heeft, moet hij zich voorbereiden op het uiteindelijke loslaten.

Een sannyasi is iemand die zijn hele leven zowel uiterlijk als innerlijk, aan anderen heeft gewijd en aan het welzijn van de wereld. Een *grihasthashrami* is iemand die uiterlijk nog een gezinsleven heeft, maar innerlijk het leven van een sannyasi leidt.

Iemand met een gezin kan dingen misschien niet zo makkelijk loslaten, maar hij moet proberen om zijn geest tot rust te brengen. De geest van een gezinshoofd wordt gemakkelijk onrustig door alle problemen die van alle kanten op hem afkomen. Amma weet dat het erg moeilijk is om deze problemen te overwinnen, die een reuze herrie in je hoofd maken. Maar het is niet onmogelijk om innerlijke stilte te verkrijgen. De meesten van onze oude meesters hadden een gezin. Zij konden het. Zij waren ook mensen. Dus als zij de kracht hadden om het te doen, kunnen wij het ook.

Het vermogen om echt afstand te doen bestaat in iedereen. Het is misschien nog in zaadvorm, maar het is er. De zaailing ontkiemt niet vanzelf. Je moet hem zaaien, omheinen om hem tegen loslopende dieren te beschermen, hem tegen te veel zon en regen beschermen, hem voldoende water geven en er op die manier goed voor zorgen. Hij zal dan uitgroeien tot een enorme schaduwgevende boom, die een overvloed aan vruchten en bloemen geeft. Dit soort inspanning is nodig om het doel te bereiken. De heiligen en wijzen deden *tapas* en bereikten zo het doel. Wij moeten ook vastberaden proberen om het doel te bereiken.

Sri Krishna leefde in de wereld. Hij had veel verantwoordelijkheden, maar hij was de belichaming van onthechting. Sri Rama had ook een gezinsleven en daarnaast was hij koning. Hij was de belichaming van dharma. Koning Janaka was koning en had een gezin. Ook hij was een *jivanmukti*, een bevrijde ziel. Zij vonden allemaal voldoende tijd om tapas te doen en een spiritueel leven te leiden, zelfs temidden van al hun verplichtingen aan het hof en andere problemen. Als we zeggen dat we geen tijd hebben vanwege onze problemen en gezinsverantwoordelijkheden, is dat geen excuus. Het betekent eenvoudig dat we geen verlangen hebben om het spirituele pad te volgen.

Een *grihasthashrami* moet in staat zijn om alles op te geven, steeds wanneer hij dat wil. Hij moet als een vogel zijn die op een droge tak zit. De vogel weet dat de tak ieder moment kan breken en daarom is hij klaar om ieder ogenblik op te vliegen. Zo ook moet iemand van de wereld altijd het bewustzijn hebben dat wereldse relaties kortstondig zijn en ieder moment kunnen eindigen. Zoals de vogel moet hij klaar zijn om alle banden te verbreken en in de spiritualiteit te duiken. Hij moet het vaste vertrouwen hebben dat alle activiteiten waarmee hij bezig is, slechts tijdelijk werk is dat hem door God is toevertrouwd. Als een trouwe dienaar moet hij in staat zijn om alles te doen zonder enig besef van bezit. Zodra God, de Meester, hem vraagt om op te houden, moet hij kunnen ophouden. Hij weet dat niets van hem is. Iemand van de wereld moet bereid zijn om alle genoegens en werelds comfort op te geven, wanneer hij dat ook maar wil. Hij moet zijn plicht in de wereld doen, maar als *sadhana*, een vorm van aanbidding.

Blijf thuis, maar blijf in contact met je ware Zelf, het echte middelpunt van het bestaan. Volg de aanwijzingen van een echte meester. Herken de gevangenis waarin je zit voor wat die is, en begrijp dat het niet je echte thuis is en dat je gehechtheden geen sieraden zijn, maar kettingen die je binden. Een echte Meester zal je helpen om je dit te realiseren. Als die realisatie er eenmaal is, doet het er niet toe of je thuis bent of in een ashram. Wat je ook doet of waar je ook bent, je kunt niet weggaan van je echte Middelpunt."

Hoofdstuk 5

Amma als guru

In de tijd dat de meesten van ons aan Amma's voeten neerstreken, was haar houding die van een kind of die van een moeder. Soms gedroeg ze zich als een jong meisje, rende rond, danste en speelde met andere kinderen. Ze rustte onder de bomen, at van de grond en lag buiten in de regen op de grond. Als liefhebbende moeder was ze erg hartelijk voor iedereen en drong niet aan op discipline. Ze gaf ons met haar eigen handen te eten, zorgde ervoor dat we iets hadden om op te slapen, troostte ons bij ziekte en andere moeilijkheden en hield ons de hele tijd in het oog. Maar na verloop van tijd kondigde ze aan dat ze haar rol spoedig zou veranderen en met ons om zou gaan zoals een guru met zijn leerlingen. Ik vond dit prima. Ik had ernaar verlangd dat er een ashramatmosfeer rond Amma zou ontstaan. En inderdaad verdween het kinderlijke aspect van Amma praktisch helemaal. Haar moederlijke aard verdween naar de achtergrond en ze werd leraar. Amma kon zich identificeren met iedere rol die ze besloot aan te nemen. Tijdens Krishna en Devi Bhava was ze de belichaming van die aspecten van God. Wanneer ze de stemming van een kind had, was ze net als een kind. Ze kon meer moederlijk zijn dan je eigen moeder. Nu werd Amma een guru der gurus. Wat is hier verwonderlijk aan? Door de genade van de Universele Moeder werden alle grote gurus wie zij waren. Wanneer de Godin besluit om die rol op zich te nemen, is het kinderspel voor haar.

Eind november 1982 ging Amma met een aantal van ons naar Tiruvannamalai voor een tiendaagse pelgrimstocht. Dit was de

eerste keer dat Amma het dorp voor zo lang verliet en ook de
eerste keer dat er geen Krishna en Devi Bhava gehouden werd
sinds het begin in 1975. We namen op maandagochtend een
trein na de darshan van zondagnacht en kwamen de volgende
dag aan. We waren ongeveer met veertig of vijftig mensen en we
verbleven allemaal in de twee huizen die ik gebouwd had toen ik
daar woonde. Amma gaf overdag darshan in het huis. Er kwamen
veel toegewijden die in en rondom de ashram woonden. 's Avonds
zong ze devotionele liederen in Ramanashram voor de graftombe
van Ramana Maharshi, die ook *samadhi*-tombe genoemd wordt.
De volgende morgen kwam een sannyasi genaamd Kunju Swami,
Amma opzoeken. Hij was in Kerala geboren en was een leerling
van de beroemde heilige Narayana Guru, die aan het begin van
de eeuw leefde. Narayana Guru had hem naar Tiruvannamalai
gebracht toen hij een jongeman was en vertrouwde hem voor zijn
spirituele opvoeding aan Ramana Maharshi toe. Nu was hij reeds
in de tachtig, maar Amma behandelde hem als een jongetje van
vijf en hij genoot ervan zoals een kind dat met zijn eigen moeder
zou doen. Als hij zat te mediteren, legde ze haar hand op zijn
geschoren hoofd en danste een deuntje terwijl ze als maar om hem
heen liep. Eén van mijn vrienden in Tiruvannamalai vertelde me
dat Kunju Swami toen ik begin 1980 wegging om bij Amma te
blijven, gezegd had: "Nealu zou deze plaats tot zijn dood nooit
verlaten hebben, als de Moeder daar in Kerala iemand anders dan
Parashakti (de Hoogste Energie) zou zijn." En je kon in zijn uitdrukking zien dat hij Amma inderdaad zag als de belichaming van
de Godin. Op een dag ging Amma plotseling vanuit ons verblijf
helemaal alleen op de loop. Dit was duidelijk een ontsnapping.
Ze wilde duidelijk dat niemand haar volgde. Omdat ik de enige
was die haar zag vertrekken, pakte ik onmiddellijk wat bananen,
koekjes en drinkwater, stopte ze in een zak en rende achter haar
aan. Omdat ik vaak getuige was geweest van Amma's gebrek aan

lichaamsbewustzijn, wist ik dat ze heel goed kon verdwalen. Ik volgde haar op een afstand toen ze rond de Arunachalaheuvel liep. Ze was duidelijk in een extatische stemming. Toen de anderen mij het huis uit zagen rennen, volgden zij mij allemaal op de voet. Spoedig haalden ze mij allemaal in en liepen met Amma mee, die nu zeer snel liep. Geleidelijk verdween ze in de verte en ik bleef alleen achter.

Toen ik naderhand met Shrikumar sprak, kreeg ik het volgende verslag van wat er gebeurde. Hij zei: "Iemand kwam naar ons toe rennen en zei 'Amma is weg. Ze is nergens te vinden!' Toen we dat hoorden, huurden we onmiddellijk een paard en wagen en begonnen naar de Arunachalaheuvel te rijden, terwijl we ingespannen naar Amma zochten. Toen we de vorige dag de heuvel met haar beklommen, hadden we aan beide kanten veel grotten gezien. Amma ging bij sommige naar binnen om te mediteren en pas na veel smeken konden wij haar overhalen om naar buiten te komen. Toen we de berg afliepen, had Amma gezegd: 'Ik heb geen zin om naar beneden te komen, maar als ik aan jullie denk, kinderen, dan dwing ik mij.' Dus dachten wij dat Amma misschien in één van die grotten zat, maar hoe konden we Amma vinden in de ontelbare grotten in deze uitgestrekte heuvel? Iedereen was bezorgd.

De paard en wagen bereikte uiteindelijk de heuvel. Nadat we een paar kilometer afgelegd hadden, vingen we plotseling een glimp op van Amma's vorm, die ver voor ons op de weg liep. Toen we tamelijk dicht bij haar waren gekomen, stapten we uit de wagen. Het was een schitterend gezicht om Amma te zien. Ze liep slingerend heen en weer alsof ze dronken was. Haar hele lichaam trilde en haar handen toonden een heilige *mudra* (mystieke houding van de hand). Haar ogen waren halfgesloten en een gelukzalige glimlach straalde van haar gezicht. Het leek alsof de Godin Parvati rondom Heer Shiva liep! We volgden Amma en gaven ook de paard en wagen opdracht om ons te volgen. We begonnen Vedische mantra's te reciteren en luid bhajans te zingen. De heuvels weergalmden van ons gezang. De gelukzaligheid van samadhi die van Amma afstraalde en de vreugde van het zingen en reciteren zegenden ons allemaal met een verheven ervaring.

Nadat we Amma een stuk gevolgd hadden, draaide ze zich om en met een blik van onbeschrijfelijke liefde keek ze naar ons. Haar blik had zoveel mededogen en kracht dat het leek alsof ze al ons *karma* en onze *vasana's* (diepgewortelde gewoonten) verbrandde. Langzaam kwam Amma naar beneden naar ons niveau. Spoedig lachte ze en praatte ze hartelijk met ons. Toen ze wat moe was van de lange wandeling, ging ze enkele minuten onder een boom langs de weg zitten. Ondanks onze suggesties, weigerde ze om in de wagen te gaan. Ze stond spoedig op en wandelde weer. Zo liepen we allemaal de volle dertien kilometer rondom de heuvel.

Tegen het eind van de omgang zagen we een slangenbezweerder die langs de kant van de weg op zijn fluit zat te spelen. Amma ging erheen en ging voor hem zitten. Ze keek met veel belangstelling toe hoe de slang op de muziek van de fluit danste. Als een klein kind vroeg Amma: 'Kinderen, waarom hebben slangen geen handen en voeten?' Haar onschuldige vraag bracht ons allemaal aan het lachen. Ze gaf toen zelf het antwoord: 'In hun vorige leven hebben ze hun handen en voeten misschien niet juist gebruikt. Kinderen, hou in gedachten dat iedereen die misbruikt wat God hem gegeven heeft, zo'n leven kan krijgen.'

De uitdrukking op haar gezicht was nu volledig veranderd en toonde de ernst en de waardigheid van de guru. 'Kinderen,' ging zij verder, 'Amma weet dat jullie van Amma houden boven alles. Jullie kunnen aan geen andere vorm van God denken dan Amma. Daarom hoeven jullie niet echt rondom de heuvel te lopen. Jullie moeten echter een rolmodel voor de samenleving worden en jullie moeten hun als voorbeeld dienen. In de dagen van weleer

Moeder met toegewijden in Arunachala (Skandashram)

waren de mensen in staat om God in hun guru te zien. Maar in de huidige tijd hebben niet veel mensen dat onderscheidingsvermogen. Daarom zijn zulke traditionele riten en rituelen nodig voor een gewoon iemand. Door jullie eigen voorbeeld moet de samenleving leren om deze gebruiken te volgen. In de toekomst moeten jullie zulke rituelen dus altijd respecteren om de mensheid te verheffen. Amma volgt deze gebruiken zelf ook om jullie het juiste pad te leren.'

We zaten allemaal in zuivere stilte en absorbeerden Amma's woorden. Even later ging Amma door: 'Kinderen, wees niet verdrietig door te denken dat Amma jullie altijd corrigeert. Denk nooit dat Amma geen liefde voor jullie voelt. Het is enkel uit Amma's overstromende liefde voor jullie dat ze jullie instructies geeft. Kinderen, jullie zijn Amma's rijkdom. Toen Amma alles opgaf, was er slechts één ding dat ze niet op kon geven, dat waren jullie, mijn kinderen. Alleen wanneer Amma ziet dat jullie het Licht van de wereld worden, voelt Amma zich echt gelukkig. Amma heeft jullie lof of jullie diensten niet nodig. Amma wil alleen zien dat jullie de kracht krijgen om de lasten en het lijden van de wereld te dragen.'

Amma's diepzinnige, maar nectarzoete woorden deden onze ego's tot stof verkruimelen. We vielen aan Amma's voeten en baden: 'O Amma, maak ons alstublieft edel. Maak ons alstublieft zo zuiver dat ons leven opgeofferd kan worden voor de redding van de hele wereld.'"

Na vier uur keerde ik tenslotte met een lege tas terug. Ik had alle proviand zelf opgegeten. Toen ik met de lege tas in mijn hand het huis binnenging, doorzag Amma onmiddellijk de situatie en barstte in lachen uit. Ze zei: "Heb je iets te eten voor mij meegebracht?"

Ons bezoek viel samen met het Dīpamfeest, een jaarlijkse viering waaraan honderdduizenden mensen uit heel Zuid India

75

deelnemen. Er wordt een heilig vuur op de top van de Arunacha-laheuvel aangestoken. Dit stelt het licht van spirituele verlichting voor dat opvlamt in de duisternis van eeuwige onwetendheid. Op een ochtend gingen we allemaal naar de stad om het wagenfeest te zien. Beelden van de plaatselijke goden werden op een reusach-tige, sierlijk gesneden houten wagen van meer dan dertig meter lang geplaatst. Er werd een processie door de straten gehouden waarbij mensen de wagen met touwen voorttrokken. Het was een blij evenement en een schouwspel om naar te kijken. Toen Amma op het balkon van één van de gebouwen stond om de wagen goed te kunnen zien, kwam een avadhuta die Ramsuratkumar heette, naar haar toe. Hij was een leerling geweest van de bekende Swami Ramdas uit Kanhagad in Noord Kerala. Hij stond in Tiruvan-namalai door zijn heiligheid in hoog aanzien. Hij was gekleed in lompen, had een lange, golvende baard en in zijn hand hield hij een waaier. In Amma's aanwezigheid werd hij als een klein kind en hij beschouwde haar als zijn spirituele moeder. Dit opende de ogen van de plaatselijke toegewijden voor wie Amma werkelijk was. Na tien gelukzalige dagen in Tiruvannamalai keerden we allemaal naar de ashram terug.

Op een dag besloot Amma dat het tijd was om twee hutten te bouwen als aanvulling op de hut die we reeds hadden. Door de toevloed van permanente bewoners, waren er een paar extra kamers nodig. Amma wilde niet dat we voor altijd in de open lucht leefden. Om zo simpel te leven was ongetwijfeld een goede test voor onze onthechting, maar Amma dacht dat een spirituele aspirant een eigen ruimte moest hebben voor zijn sadhana. Ik was verantwoordelijk voor het toezicht op het werk. Er waren wat arbeiders gekomen om de hutten te bouwen. Ik ontwierp een plan en liet het Amma zien. Het bestond uit drie hutten die in een U-vorm geplaatst waren en met de achterkant naar elkaar toe stonden. Ik dacht dat dit ruimte zou besparen en dat de wind door de deur van iedere hut naar binnen kon komen. Het leek een goed idee. De arbeiders zetten de hoofdpalen op om het geraamte te ondersteunen en begonnen de kokospalmbladeren aan het geraamte vast te binden. Amma kwam de tempel uit en zag wat er gebeurde.

"Wie heeft hen verteld dit te doen?" schreeuwde Amma. Iedereen wees naar mij. Plotseling verloor ik mijn architecten-trots. "Wie heeft jou gevraagd om de hutten in deze richting te plaatsen?" vroeg Amma mij.

"Kom nou Amma, U hebt het ontwerp gezien en het goed-gekeurd," antwoordde ik.

"Ik herinner me niets van een ontwerp! Breek dit af! Niemand moet hutten bouwen die op elkaar uitzien. Het enige waar je aan denkt is hoe je het comfortabel kunt hebben, hoe je een lekkere wind kunt krijgen! Kunnen de voorschriften van de geschriften je niets schelen? Nee, de voorschriften staan niet toe dat hutten zo gebouwd worden!" Nadat Amma dit aangekondigd had, ging ze terug de tempel in. Ik wende mij hulpeloos tot de arbeiders en vroeg hun om het werk, waar ze vanaf de ochtend mee bezig waren geweest, af te breken. Ik wendde mij tot Balu en vroeg: "Wat heeft dit voor zin? Het is heel moeilijk om Amma te begrijpen."

"Wacht, wees geduldig. Laten we afwachten wat Amma in petto heeft. Dit is haar manier om jouw overgave tot stand te brengen," zei Balu.

Na twee minuten kwam Amma weer uit de tempel naar buiten. Ze keek naar de arbeiders die de bedekking van de hutten begonnen af te halen. "Wat doen zij? Zeg hun om de hutten te bouwen op de manier die ze oorspronkelijk van plan waren. Hoe kan de wind anders in de hutten komen?" zei Amma.

"Maar Amma, en de voorschriften van de geschriften dan?" vroeg ik.

"Voorschriften? Er zijn geen regels voor het bouwen van hutten. Dat is alleen voor gewone gebouwen." Toen Amma dit uitgeroepen had ging ze opnieuw de tempel in.

Als omstanders het hele drama dat zojuist plaatsvond, gezien hadden, hadden ze Amma op zijn best als onredelijk bestempeld, op zijn ergst als gek. Maar Amma's manier van omgaan met de geest van haar leerlingen stemt volkomen overeen met de traditie uit het verleden en het heden. Marpa, de guru van de befaamde Tibetaanse yogi Milarepa, liet zijn leerling eigenhandig een toren van zeven verdiepingen bouwen en opnieuw bouwen voordat hij eindelijk Milarepa's werk goedkeurde en hem initieerde. Vandaag de dag schittert Milarepa als de grootste yogi uit de Tibetaanse geschiedenis.

Er zijn veel dergelijke verhalen over gurus die hun leerlingen wat betreft hun overgave en gehoorzaamheid op de proef gesteld hebben. Eén guru was meer dan honderd jaar oud en wilde een opvolger aanwijzen. Omdat er veel kandidaten waren, besloot hij hen allemaal op de proef te stellen. Hij vroeg ieder van hen om wat aarde te halen en een verhoging van modder te bouwen. Iedereen rende weg en haalde een mand aarde, waarmee hij een verhoging bouwde. Toen ze allemaal klaar waren, zei de guru: "Het spijt me, maar deze platforms zijn niet zo goed als ik verwacht had. Willen jullie ze alsjeblieft afbreken en ze opnieuw bouwen?"

Dit werd gedaan en de guru zei toen: "Dit is geen geschikte plaats hiervoor. Breek ze alsjeblieft af en bouw ze op dat stuk land daarginds."

Toen dit gedaan was, kwam de guru ze inspecteren: "Tja, dit stuk land bevalt me ook niet. Waarom bouwen jullie je verhogingen niet daarginds?"

Veel leerlingen dachten dat de guru door zijn hoge leeftijd seniel was geworden en niet meer volledig bij zijn verstand was. Dus velen van hen gaven hun werk op, waardoor er slechts een paar kandidaten overbleven om de guru op te volgen. Maar zelfs toen deze paar hun platforms opbouwden, bleef de guru die telkens weer afkeuren.

Na enige tijd was er slechts één kandidaat over, een man van middelbare leeftijd. Toen de andere leerlingen zagen dat hij doorging met verhogingen bouwen en afbreken, beschimpten ze hem en lachten hem uit. Ze zeiden dat hij een dwaas was omdat hij probeerde om het een guru naar de zin te maken die niet goed snik was. De leerling onderbrak zijn werk even en zei tegen hen: "Broeders, het is niet de *Satguru* (gerealiseerde meester) die gek is. De hele wereld is krankzinnig, en er is er slechts één die bij zijn volle verstand is, en dat is de Satguru. De hele wereld is blind, alleen de Satguru kan zien." Zij antwoordden door te zeggen dat zowel hij als de guru hun verstand verloren hadden. "Jullie mogen zeggen wat jullie willen over mijn bescheiden zelf, maar uit geen onbeleefd woord over mijn Satguru. Zelfs als ik verder mijn hele leven lang platforms zou moeten maken om aan zijn wensen te gehoorzamen, zal ik dat door zijn genade blijven doen," zei hij.

Uiteindelijk bouwde en herbouwde de leerling in totaal zeventig keer vrolijk zijn platform. Toen zei de guru tegen hem: "Je kunt nu ophouden met bouwen. Ik ben heel blij met jou, want alleen jij hebt mij onvoorwaardelijk gehoorzaamd en je volledig overgegeven aan mijn wil en wensen." Hij wendde zich tot de anderen en zei: "Er was er niet één onder jullie die mij gehoorzaamde, hoewel dit één van de eerste regels is om een echte leerling te zijn: de guru je volledige liefde en devotie te geven, absoluut vertrouwen in hem te hebben en zijn wensen met een vrolijk hart te gehoorzamen." De guru maakte toen deze leerling de volgende guru in zijn traditie.

Overgave aan een Gerealiseerde ziel is iets wat gebeurt door de grote liefde en respect dat een leerling voor hem voelt. De leerling op de proef stellen in steeds moeilijkere situaties heeft alleen tot doel om de kracht van de leerling te vergroten.

Toen we later die avond rondom Amma zaten zei ze, alsof ze intuïtief aanvoelde wat mijn gedachten waren over de activiteiten van de dag en haar vreemde manier van doen: "Overgave is niet iets wat door de meester kan worden afgedwongen. Overgave gebeurt op een natuurlijke manier van binnen bij de leerling. Er is een verandering in zijn houding, in zijn begrip en in de manier waarop hij dingen doet. Er vindt een verandering plaats in de innerlijke wereld. Het middelpunt van het hele leven verandert. Een echte meester zal een leerling echter nooit dwingen om zich over te geven. Op enige manier dwingen zou schadelijk zijn, zoals het letsel dat je toebrengt aan een bloemknop als je met geweld probeert om zijn bloemblaadjes te openen. Zulk geweld zou de bloem vernietigen. Opengaan is iets wat spontaan gebeurt, mits er gunstige omstandigheden geschapen worden. De meester schept de noodzakelijke situaties zodat dit opengaan kan plaatsvinden. In werkelijkheid is een echte meester geen persoon. Hij is niet het lichaam, want hij heeft geen ego. Zijn lichaam is slechts een instrument dat hij met zich meedraagt zodat hij in deze wereld kan zijn voor het welzijn van de mensen. Twee mensen kunnen elkaar ideeën opdringen, omdat zij geïdentificeerd zijn met hun ego. Maar een Satguru, die de belichaming van het Hoogste Bewustzijn is, kan niemand iets opleggen omdat hij voorbij het lichaamsbewustzijn en de geest is. De meester is als open ruimte of de oneindige hemel. Hij bestaat eenvoudig.

Als iemand probeert om zijn regels of ideeën aan je op te dringen, dan weet je dat hij een onechte leraar is, zelfs als hij beweert dat hij een gerealiseerde meester is. Een echte meester maakt nergens aanspraak op. Hij is er eenvoudig. Het maakt hem niet uit of je je aan hem overgeeft of niet. Als je je overgeeft, zul je er baat bij vinden. Als je je niet overgeeft, zul je hetzelfde blijven.

In beide gevallen blijft de meester onaangedaan. Hij maakt zich nergens zorgen over. In de aanwezigheid van een meester gebeurt het opengaan op een natuurlijke manier. De meester doet niets speciaals om dit te laten gebeuren. Hij is de enige die jou kan trainen zonder je direct te onderwijzen. Zijn aanwezigheid schept automatisch een constante reeks van omstandigheden, waarin je de Hoogste Waarheid in al zijn volheid kan ervaren. Maar er is geen dwang in het spel, en hij stelt ook geen eisen. Overgave zal zich in je ontwikkelen door de geweldige inspiratie die je ontvangt door de fysieke aanwezigheid van de meester, want de meester is de belichaming van alle goddelijke eigenschappen. In de meester zie je echte overgave en acceptatie en zo krijg je een echt voorbeeld dat je op jezelf kunt betrekken."

Dit moet de vragen beantwoorden die misschien bij de lezer opgekomen zijn. Waarom handelt een echte guru soms op een onredelijke, tegenstrijdige of zelfs gekke manier? Het is alleen om de leerlingen de mogelijkheid te geven hun geest over te geven en daardoor Goddelijke Kennis te ontvangen. Zolang de individuele geest bestaat, kan de leerling geen Wijsheid verwerven. De leerling die zijn of haar individualiteit wil bewaren, kan niet tegelijkertijd opgaan in de Universele Geest. Overgave en gehoorzaamheid zijn noodzakelijk. Meditatie, studie en andere spirituele oefeningen zijn gemakkelijk vergeleken met de oefening van overgave aan de guru. Vergeet alsjeblieft niet dat dit niet een persoon is die zich aan een ander overgeeft. Iedere guru die deze titel echt verdient, heeft eenheid met de Transcendente Werkelijkheid bereikt. Hij heeft zijn individualiteit op laten gaan in het Universele Bestaan en is een instrument daarvan geworden. Overgave aan hem komt neer op overgave aan God, opgaan in God en één worden met Hem. Amma's vreemde handelingen en woorden moeten in dit licht gezien worden.

Op een dag zat Amma op de tempelveranda met haar rug tegen de muur. Een toegewijde had haar een zakje 'mix' gegeven, een combinatie van geroosterde pinda's, linzen, erwten en andere droge peulvruchten gekruid met zout en chilipeper. Amma spreidde het voor zich uit op de cementen vloer wat haar gewoonte was, pakte toen een paar stukjes op en at ze op. Juist op dat moment kwam er een troep kraaien aan en begon het voedsel op te pikken. Eén van hen begon met de rest te vechten en probeerde te voorkomen dat zij iets van het mengsel aten. Uiteindelijk slaagde hij erin om zijn broeders weg te jagen en zat daar toen rustig naar Amma te kijken zonder zelf iets te eten. Amma staarde naar de kraai die een ongewoon zachtaardig gezicht had.

"Om de een of andere reden voel ik veel affectie voor die kraai. Geef hem alsjeblieft iets te eten," zei Amma tegen mij. Ik ging naar hem toe om hem wat mix te geven, maar hij sprong van mij weg op Amma's schoot. Hij zat daar toen een hele tijd tot vermaak van iedereen. Uiteindelijk sprong hij weer op, pikte in Amma's neusring en vloog weg.

De volgende dag lag ik op een mat bij de backwaters. Dezelfde kraai kwam naar mij toe en sprong op mijn buik. Hij zat daar zolang ik niet bewoog. Ik aaide hem over zijn kop, waar hij geen bezwaar tegen had. Dit gedrag was allemaal zeer ongebruikelijk voor een kraai, want zij zijn over het algemeen erg bang voor mensen of uiterst agressief en arrogant. Deze kraai bleef de volgende dagen komen. Toen vonden we hem op een dag drijvend in het water van de open voorraadtank die boven op Amma's kamer stond. We brachten hem naar beneden en staken een vuur aan om hem wat warmte te geven, want hij was nog in leven. Toen Amma ons een vuur zag aanmaken langs het water, kwam ze langs om te zien wat er gebeurde. Ze kwam bij ons en pakte de stervende kraai op en streelde hem vriendelijk. Toen stierf hij in

82

haar handen. Gezegende kraai! Ik wou dat wij zo konden sterven in de handen van de Goddelijke Moeder.

Rond deze tijd schreef mijn moeder mij uit de Verenigde Staten dat ze graag wat tijd met me door wilde brengen. Eens in de drie of vier jaar kwam ze naar India of vroeg ze mij om haar ergens halverwege te ontmoeten. Deze keer wilde ze naar Egypte en Israël gaan. Met Amma's toestemming vertrok ik naar Bombay, kreeg mijn visa en vliegtuigtickets en vertrok naar Egypte.

Ik was nooit in het Midden Oosten geweest. Vergeleken met de kalme atmosfeer van Zuid India, voelde het daar heel vijandig. Samen bezochten we de piramiden rond Cairo en gingen toen naar het zuiden naar het Dal der Koningen en Koninginnen bij Karnak. Om de een of andere reden trok een dode cultuur mij niet erg aan. Per slot van rekening is de oude cultuur van India minstens even oud als de Egyptische beschaving, maar de oude cultuur van India is nu nog in leven zoals hij dat duizenden jaren geleden was. Het enige wat ik echt interessant vond, was een heel groot tempelcomplex in Karnak, dat door archeologen in de negentiende eeuw was opgegraven. Het was volgens precies dezelfde opzet gebouwd als de oude Shivatempels in Tamil Nadu in India. Evenals de Shivatempels had het grote torens die als poort fungeerden, en binnenin waren samengestelde muren en hallen met pilaren. Er waren zelfs beelden van een god en een godin, een groot waterreservoir of vijver voor reinigingsbaden en voertuigen om de godheid door het jaar heen naar verschillende plaatsen te brengen. Dit was precies zoals thuis. Maar de omvang van de Egyptische tempels deed die van India in het niet verzinken. Je voelde je als een microbe als je in de grote hal met kolossale pilaren stond. Omdat ik dacht dat iedereen het leuk zou vinden om deze oude tempels te zien, kocht ik wat dia's om mee terug te nemen naar India.

Toen gingen we naar Israël. Ik keek ernaar uit om de belang-rijke plaatsen te zien die verbonden waren met het leven van Jezus Christus. Nu ik vijftien jaar in India met talloze Godgerealiseerde heiligen geleefd had, was ik Christus echt gaan waarderen als een Gerealiseerde ziel en een Incarnatie van God. Ik genoot er heel erg van om zijn geboorteplaats te bezoeken, de plaatsen waar hij sommige wonderen verrichtte, en Calvarie waar hij zijn laatste adem uitblies. Vooral daar besteedde ik meer tijd aan meditatie. Hoewel het bijna tweeduizend jaar geleden is sinds zijn heengaan, kan men nog steeds de heiligheid voelen van de plaatsen waar hij vaak geweest is.

Tenslotte keerde ik naar India terug en was blij om weer thuis te zijn. De avond dat ik aankwam besloten we om de dia's die ik uit Egypte en Israël had meegebracht, te laten zien. Amma ging met ons mee naar de meditatiehal en ik gaf commentaar. Amma leek niet erg geïnteresseerd totdat we bij de Egyptische tempel kwamen die uit het zand was opgegraven. Toen ze dat zag, zei ze: "Zie je wel, ik heb altijd al gezegd dat mijn vorige ashram onder deze meditatieruimte ligt. Als men hier diep genoeg zou gaan, zou men hier een tempel vinden met de graftomben van vele monniken. Alles is overspoeld door een vloedgolf en begraven onder het zand. Als de wetenschappers een heel tempelcomplex vele tientallen meters onder het zand in Egypte hebben gevonden, waarom is het dan niet mogelijk dat wat ik zeg, waar is?"

Amma had ons bij gelegenheid verteld dat haar vorige ashram onder de huidige lag. Ze zei ook dat er minstens duizend jaar lang geen ashram in dit gebied geweest was. We combineerden daarom de twee beweringen en geloven dat Amma's vorige leven rond die tijd geweest moet zijn. Het is waarschijnlijk geen toeval dat van al Amma's broers en zussen alleen zijzelf in het huis van haar ouders geboren werd. De anderen werden geboren in ziekenhuizen in steden in de buurt. Ook is het een welbekend feit dat er vele jaren geleden een rondtrekkende monnik voor het ouderlijk huis was blijven staan, toen Amma's vader nog een kleine jongen was, en bulderend begon te lachen. Toen hem gevraagd werd waarom hij lachte, antwoordde hij dat dit een heilige plaats was en dat er hier vele heiligen begraven lagen. Eén ding is zeker: zij die hier komen kunnen voelen dat een ongewone vrede de atmosfeer doordringt. Of dat te danken is aan de heilige aanwezigheid van Amma of de genootschappen uit het verleden of beide, wie zal het zeggen?

Amma zegt dat een plaats niet vanzelf heilig wordt maar doordat een heilige of wijze daar gewoond heeft. Het effect van hun stralende aura blijft daar zelfs duizenden jaren. Er zijn veel onzichtbare principes die onze wereld beïnvloeden. Door in Amma's gezelschap te leven ontwikkelt men vanzelf vertrouwen in deze subtiele waarheden.

Toen we de dia's van de christelijke heilige plaatsen zagen, volgde er een levendige discussie over de enorme verschillen tussen de originele principes van liefde en verzaking die Jezus onderwees, en de latere vormen van christendom die zich daaruit ontwikkelden en soms tot oorlog en ruzie leidden. Amma drong onmiddellijk tot de kern van het probleem door door ons te vertellen: "De essentiële principes van alle godsdiensten leren liefde, vrede en harmonie. De spirituele meesters hebben nooit egoïsme gepreekt, noch hebben ze mensen ooit aangemoedigd om elkaar onjuist te behandelen of om met elkaar te vechten. Het probleem zit niet in religie of spiritualiteit. Het zit in de menselijke geest. De conflicten en problemen die vandaag de dag in naam van religie bestaan, komen door gebrek aan juist begrip van de religieuze principes.

In deze moderne tijd leven de mensen meer vanuit hun geest dan vanuit hun hart. De geest is verwarrend. De geest is de verblijfplaats van egoïsme en slechtheid. De geest is de zetel van al onze twijfels en het intellect is de zetel van het ego. Wanneer je helemaal in je geest en ego verblijft, bekommer je je niet om anderen. Je denkt alleen aan jezelf.

Intellectuelen interpreteren het onderwijs van de geschriften en de meesters van hun religies zo, dat ze bij hun eigen ideeën passen. Argeloze mensen vallen gemakkelijk ten prooi aan deze verdraaide definities van de waarheid en komen tenslotte in conflict met zichzelf en anderen. Dit is wat er in de moderne samenleving gebeurt. De intellectuelen worden leiders en gerespecteerde adviseurs. Hun volgelingen idealiseren hen en aanbidden hen als God. Maar in feite is God vergeten. De waarheid en de essentiële principes van een religie, het doel van religie en de religieuze praktijken worden genegeerd.

Jammer genoeg worden na het overlijden van de meester de meeste religies door zulke intellectuelen geleid. Alleen een ziel vol liefde en compassie kan de mensheid leiden en licht werpen op het pad van religie. Alleen zo'n meester kan mensen verenigen en hen helpen om het ware belang van religie en religieuze principes te begrijpen. Maar het hart is nu vergeten.

Niemand die enig echt begrip heeft van religie, kan de religie en de echte religieuze meesters de schuld geven van de huidige rampen die in naam van religie plaatsvinden. Het is de fout van de onechte religieuze leraren en niet van hun onschuldige volgelingen. De zogenaamde leraren willen anderen hun eigen ideeën en visies opleggen. Hun onschuldige volgelingen hebben volledig vertrouwen in hun woorden, in hun verkeerde interpretaties. Het intellect (het ego) is veel sterker dan de geest. De geest is in wezen zwak. Het intellect heeft vastberadenheid, terwijl de geest altijd twijfelt, aarzelt en onstabiel is. De intellectuele vertolkers van bijna alle religies hebben het vaste voornemen om mensen te overtuigen. Hun enorme ego's en hun vastberadenheid kunnen de volgelingen van iedere echte religie gemakkelijk overweldigen en zo behalen zij de overwinning over onschuldige gelovigen.

Zulke intellectuelen hebben helemaal geen echt geloof, liefde of mededogen. Hun mantra is geld, macht en aanzien. Daarom moet je religie, spiritualiteit of de echte meesters niet de schuld geven van de problemen in de wereld van vandaag. Er is niets verkeerd aan spiritualiteit of echte religie. Het probleem ligt bij de menselijke geest."

Toen ik in het begin bij Amma ging wonen in januari 1980, waren de enige gebouwen haar ouderlijk huis, de kleine *kalari* of tempel waar zij darshan gaf tijdens Krishna en Devi Bhava, en een afdak van palmbladeren zonder muren waarin de bezoekers uit de regen en uit de zon konden rusten. Een tijd lang sliep ik in het huis en Amma en Gayatri rustten in de tempel. Haar familie kookte de maaltijden. Maar na een tijdje wilden wij gescheiden van de familie zijn, want zij konden nooit dezelfde houding tegenover Amma hebben als wij. Zij zagen haar altijd als hun dochter of zus. Het moet voor hen na onze komst erg vreemd en moeilijk geweest zijn, want Amma was tot voor kort de dienstmeid van het gezin geweest. En nu probeerden wij om haar te dienen. Amma had helemaal geen materiële bezittingen. Zelfs de kleren die ze droeg, deelde ze met haar zussen. Als ze moe was ging ze in het zand liggen, zelfs als het regende. Er was zelfs geen slaapmat voor haar, laat staan een kussen of een deken. Tijdens de Bhava Darshans stond ze meer dan twaalf uur achter elkaar in de tempel. De tempel zat overvol met toegewijden, had helemaal geen luchtcirculatie en we hadden geen ventilator. En toch klaagde Amma nooit over iets. Ze was de belichaming van verzaking en overgave.

Of het nu aangenaam of pijnlijk was, ze accepteerde alles wat er gebeurde als Gods wil. Ze was en is een ideaal in ieder opzicht. Haar leven is een voorbeeld dat iedere serieuze spirituele aspirant na moet volgen. Ze heeft gezegd: "Een echte meester zal altijd een voorbeeld stellen voor zijn leerlingen. Een echte meester moet zich strikt aan morele en ethische waarden houden, ook al is hij voorbij alle wetten en beperkingen. Alleen dan zal hij een voorbeeld voor anderen zijn. Als de guru zegt: 'Kijk, ik ben voorbij alles en daarom kan ik doen waar ik zin in heb. Gehoorzaam me eenvoudig en doe wat ik je zeg,' zal dit de leerling alleen maar schaden. Een echte meester zal zoiets nooit doen. Alle grote meesters uit het verleden, de oude heiligen en wijzen, waren volmaakte, levende voorbeelden van onze hoogste en edelste waarden. Zelfs als de guru voorbij lichaamsbewustzijn is en vrij van alle menselijke zwakheden, zijn de leerlingen dat niet. Zij zijn nog geïdentificeerd met het lichaam en het ego en zij hebben daarom een levend voorbeeld nodig, een belichaming van goddelijke eigenschappen om zich aan vast te houden. De leerlingen putten al hun inspiratie uit de meester. Een ware meester hecht daarom groot belang aan het leiden van een voorbeeldig leven gebaseerd op moraal en ethiek."

We voelden ons fortuinlijk dat wij Amma konden dienen met een mat, een laken, een kussen of iets te eten. Ongetwijfeld was dit een gezegende tijd voor ons, want er waren veel simpele manieren waarop we onze guru konden dienen in de vorm van voedsel, kleding, iets om op te slapen en andere minimale benodigdheden. Amma accepteerde alles, niet omdat ze het nodig had maar om ons blij te maken, om het ons mogelijk te maken haar te dienen.

Er is een verhaal over een rijke man die naar een tempel ging en een zak met vijfduizend gouden munten aan de godheid aanbood. De priester daar nam het geld aan alsof het niets was en gaf het aan het kantoor. De man raakte in verwarring: "Weet U dat er vijfduizend gouden munten in die zak zitten?" vroeg hij de priester. De priester knikte van ja. "Weet U zeker dat U begrepen hebt wat dat betekent?" vroeg de man. De priester antwoordde: "U hebt het al gezegd. Ben ik zo doof dat ik U niet gehoord heb?"

De man begon op te spelen: "Luister, vijfduizend gouden munten is een hoop, zelfs voor een rijk iemand als ik." De priester keek de man vol medelijden aan en zei: "Luister meneer, vraagt U mij om U dankbaar te zijn, om dankjewel te zeggen?" "Wel, dat is het minste dat we kunnen verwachten," zei de man. "Wacht even, meneer. Ik ga de munten halen. U kunt ze terugnemen. U hoort dankbaar te zijn dat we ze hier geaccepteerd hebben. De gever hoort dankbaar te zijn want als de gift niet geaccepteerd wordt hoe kan de gever er dan baat bij hebben?" vroeg de priester.

Na ongeveer een maand werd er besloten dat we een hut zouden bouwen en gescheiden van de familie zouden gaan wonen. Ik had een beetje geld en dat was voldoende om het materiaal te kopen. Weldra hadden we een hut van vijf en een halve meter lang en twee en een halve meter breed. De helft ervan werd als keuken gebruikt en de andere helft diende als rustplaats. Rust betekende natuurlijk nooit slapen, want Amma sliep zelden en er waren vierentwintig uur per dag mensen in de hut die haar kwamen opzoeken. Ik herinner me niet dat ik het licht ooit uit heb zien gaan in de twee jaar dat we allemaal samen in die hut woonden. In die tijd verbleven Amma, Gayatri, Balu en ik daar permanent. Dit was het begin van de ashram.

Twee jaar later liet een toegewijde die Amma van tijd tot tijd bezocht, een andere kleine hut bouwen die aan de eerste grensde. Dit werd het eerste "gastenverblijf" van de ashram. Weer een of twee jaar later werden er nog twee hutten gebouwd. Deze werden gebruikt door de nieuwe vaste bewoners, de brahmachari's die hier waren komen wonen. Tegen die tijd waren we met ongeveer tien of twaalf. Maar hoewel we allemaal een plaats om te verblijven hadden, waren er veel problemen waarvoor ik een oplossing wilde vinden. Op de allereerste plaats was er Amma's privacy en rust. Omdat Amma's kamer een hut van palmbladeren was, aarzelden de mensen niet om haar van buiten te roepen of zelfs tussen de bladeren door te kijken om te zien of ze er was. Niemand nam de moeite om te informeren of ze gerust had of niet, zelfs niet nadat ze vele dagen en nachten wakker gebleven was. Ze wilden alleen graag hun problemen aan Amma vertellen en letten nergens anders op. Soms ging Amma om vijf of zes uur 's morgens liggen nadat ze de hele nacht op was geweest. Binnen tien minuten nadat ze in slaap gevallen was, kwam er iemand naar binnen, boog voor haar en raakte haar voeten aan. Hij riep haar totdat ze wakker werd enkel om haar te vertellen dat ze naar huis gingen. Toen ik zag dat dit steeds opnieuw gebeurde, was ik ten einde raad om een oplossing voor het probleem te vinden. Maar wat kon ik doen? Het zou leuk geweest zijn als we een gewone kamer van bakstenen en cement hadden kunnen bouwen met echte deuren en ramen zodat Amma een beetje privacy kon hebben. Het zou ook leuk voor haar geweest zijn als ze een badkamer voor zichzelf had, want ze stond gewoonlijk samen met ons in de rij te wachten om het badhuis te

gebruiken dat bestond uit een paar stenen om op te staan met een paar palmbladeren eromheen. Ons toilet was van het plaatselijke type: vier palen die in de backwaters gestoken waren met een jutezak eromheen en met een paar stokken als "platform" om op te staan. Zij die nu naar de ashram komen en een beetje ongemak ervaren omdat ze geen badkamer en toilet bij hun kamer hebben, doen er goed aan om zich te herinneren waarmee Amma en de eerste ashrambewoners zich jarenlang moesten behelpen. En een ventilator? De enige ventilator in de ashram was een oude rammelkast die tijdens de Bhava Darshans in de tempel dienstdeed en die we na afloop in Amma's hut zetten om het geluid van de stemmen van de mensen op een afstand te houden, zodat Amma af en toe wat rust kon krijgen. We hadden al ons geld bij elkaar geschraapt om hem te kopen want de hitte in de tempel was 's zomers verstikkend.

Al ons water werd bij de dorpskraan door ons of door Amma's jongere zus gehaald. Dit was geen gemakkelijke taak want de kraan was ongeveer vijftig meter van het huis en er stonden altijd twintig of dertig vrouwen omheen die op het water wachtten. Dit gebeurde gewoonlijk rond middernacht of later.

Een ander probleem was dat geen enkele brahmachari een plaats had om te mediteren. Het grootste deel van de tijd moesten zij hun hutten ontruimen om er bezoekers in onder te brengen en zij rustten dan onder de bomen. Omdat er regelmatig op ieder uur van de dag bezoekers kwamen, kon men nergens heen om ongestoord te mediteren. Een meditatieruimte en een kamer voor Amma werden hoogstnoodzakelijk, maar hoe moesten we aan het geld komen om die te bouwen? Amma verbood ons strikt om iemand geld te vragen, waarvoor het ook was. Hierdoor leerden we om voor alles van God afhankelijk te zijn. Dit resulteerde in veel interessante situaties. Soms gebeurde het dat Amma het dorp in moest gaan met een bedelnap zodat de brahmachari's iets te eten hadden. Eens zond ze Balu naar zijn dorp om wat rijst te halen omdat we geen geld hadden om rijst te kopen. Net toen hij op het punt stond om te vertrekken, kwam er een postwissel met de post die ons in staat stelde om een zak rijst te kopen.

Ik opperde het idee van de bouw en vroeg Amma wat ze ervan vond. Ze weigerde het absoluut tenzij we eerst een of ander onderdak bouwden voor de bezoekers. Vreemd genoeg doneerden verschillende toegewijden weldra bakstenen, zand, cement, hout en dakpannen en we konden een geschikte ruimte bouwen waar de bezoekers tijdens Darshan-nachten konden slapen. Voordat Amma zich in de hut terugtrok, ging ze naar iedereen toe om er zeker van te zijn dat zij het naar hun zin hadden. We konden hun niet veel meer aanbieden dan ruimte op de vloer, maar Amma's liefdevolle belangstelling stelde hen meer op hun gemak dan wanneer ze thuis in een zacht bed gelegen hadden.

Nu was het mogelijk om een kamer voor Amma te bouwen en een meditatieruimte voor de ashrambewoners. Op een dag flitste er een idee door mijn hoofd om naar Amerika te gaan om te proberen om voor dat doel wat geld te verzamelen. Tegelijkertijd vocht ik tegen het idee om te gaan, want ik wilde nooit van mijn leven Vallickavu of India verlaten. Ik voelde dat mijn spirituele welzijn daarvan afhing. Toch bleef het idee telkens opnieuw in me opkomen. Hoezeer ik ook probeerde om het te onderdrukken, het bleef terugkomen. Tenslotte ging ik naar Amma en vertelde haar over het idee.

"Zoon, dat is niet jouw idee, maar het mijne. De kinderen hebben een plaats nodig waar zij ongestoord kunnen mediteren. Ik wilde je niet zeggen om voor dat doel naar Amerika te gaan, omdat ik weet dat je niet graag weggaat, maar er lijkt geen andere weg te zijn. Ga, maar wees niet teleurgesteld als er geen goede respons is. God zal voor alles zorgen. We moeten onze plicht doen, maar de resultaten zijn in Zijn handen."

Ik vond dat ik als voorbereiding voor de reis een soort pamflet over Amma's leven moest hebben. Tot dan toe was er in geen enkele taal iets over Amma geschreven. In feite wist niemand van ons iets over haar levensgeschiedenis behalve wat losse feiten die ze nu en dan noemde. Nu werd het nodig om dat op papier te zetten. Amma stemde ermee in om iedere dag enige tijd met ons samen te zitten om ons over haar leven te vertellen. Maar beloften worden gemaakt om te verbreken, zoals het spreekwoord zegt. Ze vertelde ons een paar dingen en dan werd ze rusteloos, stond op en ging weg. We stelden vragen om te proberen stukjes informatie te combineren en gaten over details en data op te vullen. Ieders geduld werd getest en op de proef gesteld, maar uiteindelijk slaagden we erin om het meeste van Amma's levensgeschiedenis op te schrijven.

Eén punt bleef onbeantwoord en het leek erop dat we dat nooit uit Amma zouden kunnen lospeuteren. We wilden weten wanneer ze realisatie bereikt had. Om de een of andere reden gaf ze geen antwoord wanneer ons "verhoor" op dat onderwerp kwam. We probeerden veel slimme trucs, direct en indirect, om antwoord te krijgen. Eerst vroegen we haar direct: "Amma, wanneer bereikte U Zelfrealisatie?" Ze stond dan onmiddellijk op en ging weg met de woorden: "Deze gekke meid weet niets!" We realiseerden ons toen dat we met de directe benadering niets zouden bereiken. Vervolgens vroegen we haar: "Amma, was het na het begin van Krishna Bhava dat Amma Realisatie bereikte of nadat Devi Bhava begonnen was?" We kregen hetzelfde antwoord: opstaan en wegwezen! Toen probeerden we een andere techniek: "Amma, is het voor iemand mogelijk om de Goddelijk Bhava's te tonen voordat hij Zelfrealisatie bereikt heeft?" Maar Amma was veel slimmer dan wij en vermeed het onderwerp steeds. Ze wist van te voren wat er in onze geest omging en had haar plannen al gemaakt lang voordat wij met de vragen begonnen.

Toen ik uiteindelijk op het punt stond te vertrekken, gaf Amma toe dat ze haar eenheid met het Vormeloze Brahman in haar tienerjaren had gerealiseerd voordat beide Bhava's begonnen waren. Pas daarna werd ze zich ervan bewust dat alle verschillende aspecten van God zoals Krishna, Ganesh, Shiva en Devi in haar waren. Maar aan het eind van deze bekentenis zei Amma: "Maar om je de waarheid te vertellen, de hele zaak is slechts een *lila* (goddelijke spel)!" We waren verbaasd en vroegen haar: "Amma, bedoelt U dat Uw sadhana, Uw Realisatie en de Bhava's slechts spel zijn?" "Ja, kinderen," zei Amma, "Het is allemaal alleen gebeurd om een voorbeeld voor de wereld te stellen. Amma heeft nooit ervaren dat dit universum echt was. Vanaf haar geboorte heeft ze alleen de werkelijkheid van God gevoeld. De Krishna en Devi Bhava's zijn in Amma's handen. Ze kan die aannemen wanneer ze maar wil. Ze zijn voor het welzijn van de wereld. Haar binnenste wezen is altijd hetzelfde, Eeuwige Vrede." Wat valt er nog meer te zeggen? Amma's woorden spreken voor zich.

De dag van mijn vertrek was aangebroken. Ik ging naar Amma om afscheid van haar te nemen, maar ze was in de tempel en kreeg wat hoognodige rust. Ik boog eenvoudig bij de tempeldeur en vertrok. Ik wilde Amma dienen en niet haar mij laten dienen. Ik vond dat het belangrijker was dat ze rustte dan dat ik haar zag en afscheid nam.

Na een reis zonder bijzonderheden kwam ik in Amerika aan. Mijn moeder had aangeboden om het vliegticket te betalen en me op alle mogelijke manieren te helpen. Met behulp van het materiaal dat ik verzameld had, schreven we een foldertje over Amma en stuurden het naar ongeveer honderd vijftig mensen en verzochten om hulp voor Amma's werk. Het zag er niet hoopvol uit. Per slot van rekening kende ik niemand en alle mensen aan wie we het verzoek stuurden, waren vrienden van mijn moeder. In feite was de respons heel mager. Ik was teleurgesteld en wist niet wat ik moest doen. Er waren al bijna twee maanden voorbij sinds mijn aankomst in Amerika.

Toen zei mijn moeder op een dag tegen me: "Neal, je weet dat toen je in 1968 naar India vertrok, ik je muntenverzameling van je heb gekocht, zodat je wat geld had. Ik heb die nog steeds. Waarom neem je die niet en probeer je hem te verkopen?" Ik was heel blij met dit nobele gebaar en begon meteen de markt van muntenverzamelaars te onderzoeken. Binnen een week verkocht ik hem voor tien keer het bedrag dat ik ervoor betaald had. Dit zou genoeg zijn om een kamer voor Amma te bouwen en ook een meditatieruimte. Ik boekte meteen een ticket naar India en weldra was ik terug bij Amma.

Na mijn terugkomst gingen Ganga, een brahmachari uit Frankrijk die kort na mij bij Amma was gaan wonen, en ik

Moeder voor het eerste "ashramgebouw"

ervoor zitten om samen een plan te ontwerpen voor het nieuwe gebouw. Ik had een beetje ervaring met huizenbouw uit mijn tijd in Tiruvannamalai, waar ik twee huisjes gebouwd had op verzoek van mijn vorige spirituele gids Ratnamji. Ganga had ook wat ervaring vanuit dezelfde plaats. In Tiruvannamalai had hij wat constructiewerk gesuperviseerd voor een Nederlandse toegewijde. We kozen voor een gebouw van twee verdiepingen. De begane grond zou uit één enkele kamer bestaan en een kleine veranda die voor meditatie gebruikt kon worden. Onder de trap zou een kleine ruimte voor het opbergen van gereedschap komen. Boven zou er één kamer met een badkamer en veranda voor Amma komen.

Jammer genoeg was er geen land om iets op te bouwen. Al het land dat we bezaten, werd door onze hutten in beslag genomen. Als we die zouden verwijderen, waar zouden wij dan heen moeten? We besloten uiteindelijk om een deel van de backwaters dat van ons was, te dempen. Het kostte veel tijd om zoveel zand te krijgen en dus werd het werk vertraagd. Tegelijkertijd werd de oude tempel waar Amma de Bhava Darshan hield, vergroot, en dus werd de darshan gehouden onder het afdak dat gebouwd was voor de toegewijden om na de darshan te rusten.

Door allerlei problemen was er ongeveer een jaar nodig om dat kleine gebouw te voltooien. Het verkrijgen van materiaal, problemen met de werkers en gebrek aan water veroorzaakten allemaal eindeloze vertraging. Om dezelfde redenen waren er zeven jaar nodig in plaats van de normale twee of drie toen er later voor de toegewijden een groter gebouw werd gebouwd.

Zelfs toen de kamer boven klaar was, verhuisde Amma er niet heen. Hoewel Amma voorbij genot of pijn was, voorbij comfort of gebrek aan comfort, vond ze dat ze een voorbeeld van verzaking moest stellen door in de hut te blijven wonen ondanks het grote ongemak dat dat met zich meebracht. Pas twee jaar na de voltooiing van het gebouw begon Amma daar de nacht door te brengen. Uiteindelijk werd het haar verblijf en dit gebeurde alleen omdat Ganga en ik haar eindeloos smeekten om er te gaan wonen.

Wanneer je dicht bij Amma leeft dan word je getroffen door haar buitengewone zorg voor de spirituele vooruitgang van de mensen. Ze geeft er de voorkeur aan om zelf te lijden in plaats van een minder dan volmaakt voorbeeld te geven. Het is voor Amma niet nodig om de regels en voorschriften voor het spirituele leven te volgen want zij is altijd gevestigd in de toestand die het resultaat is van al zulke inspanningen. Dat is de toestand van een *avadhuta*, iemand die voor eens en altijd het lichaamsbewustzijn getranscendeerd heeft. Zulke mensen geven gewoonlijk weinig of niets om de spirituele vooruitgang van de wereld. Zij verwijlen in hun eigen toestand van Hoogste Gelukzaligheid en maken zich niet druk om het lijden van anderen. In feite jagen zij gewoonlijk degenen die hen benaderen weg door voor te wenden dat ze gek, bezeten of idioot zijn. Om iemand te vinden die in God gevestigd is en die bereid is om alles op te offeren voor het welzijn van hen met wie hij in aanraking komt, is welhaast onmogelijk. Het aantal van zulke wijzen kun je op één hand tellen.

Enkele van Amma's wereldlijke toegewijden verlangden er vurig naar om Amma mee te nemen naar Kanyakumari of Kaap Comorin, de meest zuidelijke punt van India. Er staat daar een beroemde tempel van de Goddelijke Moeder, waar drie verschillende watermassa's elkaar ontmoeten: de Arabische Zee, de Indische Oceaan en de Golf van Bengalen. Het zand daar heeft drie verschillende kleuren. Een vrouwelijke avadhuta, Mayi Amma, leefde daar en we besloten om wat tijd in haar gezelschap door te brengen. Zondagavond was het Devi Bhava in Vallickavu en dus vertrokken we op vrijdag en waren van plan om zondagmiddag terug te keren. We waren met ongeveer vijftien mensen in een busje.

Op de heenweg stopten we in een dorpje genaamd Marutamalai aan de voet van een berg die bekend was om zijn kruidenrijkdom. Ook daar zou een avadhuta moeten leven. Hij werd Nayana genoemd. Nadat we wat geïnformeerd hadden, vonden we zijn hut die aan de hoofdweg stond. We gingen allemaal de halfdonkere kamer binnen en vonden een erg vieze oude man die in een hoek rood betelnootsap op de muren zat te spugen. Eén van de dorpelingen vertelde ons dat hij in meer dan tien jaar geen bad had genomen. Dat geloofden we meteen! Amma ging onmiddellijk voor hem zitten, maar tot onze grote verbazing en woede sloeg hij haar op het gezicht. Amma keek even naar ons en zei ons rustig te blijven. Toen spuugde hij in mijn gezicht en schreeuwde in een taal die alleen hijzelf kende. We wilden daar natuurlijk zo snel mogelijk weg, maar Amma had geen haast. Uiteindelijk gingen we na ongeveer twintig minuten weg.

Nadat Amma in de bus was gaan zitten, wendde ze zich tot ons en zei: "Prachtig! Hij was in de Hoogste Staat!" We konden Amma echt niet geloven. De Hoogste Staat? De hoogste staat waarvan? Van gekheid? "Niemand van jullie kan het begrijpen. Alleen iemand die in die Toestand is kan Het in een ander herkennen," zei Amma en ze hield haar mond. We dachten allemaal in stilte: "Als dat de Hoogste Staat is, dan wil ik het niet."

Toen gingen we verder naar Kanyakumari. We waren blij om Nayana alleen te laten in zijn Hoogste Staat. Toen we de Kaap bereikt hadden, gingen we op zoek naar Mayi Amma, die aan de oceaan woonde. Toen we op de plaats aankwamen waar zij was, vonden we een zeer oude, halfnaakte bedelares, die in het zand lag. Ze gebruikte een hond als kussen en werd omgeven door een meute van dertig of veertig mormels. Was dit de grote wijze naar wie we zochten? Als Amma ons niet verteld had dat Mayi Amma een mahatma was, zou het onmogelijk geweest zijn om te geloven wie zij was. Ze zag eruit als de minste onder de bedelaars. Amma ging voor haar zitten met ons allen om haar heen. Mayi Amma ging rechtop zitten en sloeg Amma op haar gezicht. Wij waren geschokt! Dit was de tweede keer in één dag, in één uur dat Amma door een mahatma geslagen werd. Amma glimlachte eenvoudig en klom op Mayi Amma's rug en reed op haar zoals een klein kind op zijn moeder. Toen stond Mayi Amma op en liep naar het strand. Alle afval van de stad Kanyakumari was daar verzameld en speciaal voor haar gestort. Iedere dag stak ze een vreugdevuur aan en verrichtte een vuuroffer, waarbij ze de rommel als de heilige offergaven gebruikte. Wat was de innerlijke betekenis van haar mysterieuze leven? Ongetwijfeld wisten alleen zij en degenen die in haar toestand waren dat. Nadat ze haar "aanbidding" voltooid had, sprong ze spiernaakt in zee en kwam naar boven met een vis die ze vervolgens rauw opat.

Rond twaalf uur bracht één van haar toegewijden een blik met eten, een trommel die uit meerdere lagen bestond en waarin haar middageten zat. We zaten allemaal om haar heen en zongen devotionele liederen terwijl zij iets at. Ze gaf toen iedereen een beetje van haar restjes als blijk van haar zegen. Eén van de toegewijden die met ons meegekomen was, was vanaf zijn geboorte een zeer strikte vegetariër. Aan iedereen behalve hem gaf Mayi Amma vegetarisch eten, maar alleen aan hem gaf ze een stuk gebakken vis. En bij mij begon ze wat zoete pudding in mijn handen te gieten. Maar voor het in mijn handen was, kwam er een hond en slurpte het uit de pan waar het uit kwam. Wat overstroomde uit de mond van de hond kwam in mijn handen terecht. Amma keek aandachtig naar me om te zien wat ik zou doen. Ik aarzelde een ogenblik en at toen de pudding op. Wanneer we naar mahatma's gaan, moeten we volledig vertrouwen in hun spirituele kracht hebben. We moeten bereid zijn om onze gehechtheid aan al onze regels, voorschriften en begrippen op te geven. Alleen dan is het mogelijk om hun zegen te ontvangen. Mayi Amma gaf ons daar precies de kans voor.

Na twee min of meer gelukzalige dagen in Kanyakumari, gingen we de bus in om terug te gaan naar de ashram. Toen we bij Nayana's dorp kwamen, werden we allemaal gespannen. We waren bang dat Amma weer zou willen stoppen om hem te zien. We waren bijna door het dorp heen, toen we Nayana plotseling op de weg voor de bus zagen staan. Hij gaf ons een teken om te stoppen. We gromden allemaal. Toen Amma hem daar zag staan, schreeuwde ze dat we moesten stoppen. Ze sprong onmiddellijk uit de bus, gevolgd door ons allemaal. Maar Nayana was nergens te zien. Waar was hij heen gegaan? We gingen op weg naar zijn hut en vonden de deur dicht. Amma ging het eerst naar binnen. Daar zat hij in zijn gebruikelijke hoek. Zelfs als hij van de weg naar zijn hut gerend was, kon hij zijn kamer onmogelijk in die korte tijd bereikt hebben. Amma zat voor hem en we bereidden ons op het ergste voor. Amma begon op en neer te zwaaien en begon Nayana in zijn been te knijpen. Hij zat daar gewoon rustig naar haar te kijken. Amma sloot toen haar ogen. Er begonnen tranen te stromen. We konden er niet achter komen wat er gebeurde. Plotseling barstte Amma uit in een *Kali Bhava*, de stemming van de Godin Kali. Amma's tong hing uit haar mond, bijna tot op haar kin. En ze slaakte een verschrikkelijk gebrul. Haar ogen puilden uit en haar handen toonden mudra's. Ze begon als een bal op en neer te stuiteren en de armbanden om haar polsen werden verbrijzeld. Het zou een understatement zijn om te zeggen dat we verbaasd waren. Na ongeveer tien minuten keerde Amma langzaam tot haar gewone zelf terug. Toen ze haar ogen opende, zag ze eruit als iemand die volledig in vervoering was. Ze was echt dronken met Goddelijke Gelukzaligheid.

Nayana wees toen naar de jonge Shakti Prasad, die met ons meegekomen was, en zei: "Uw zoon, Uw zoon." Opnieuw waren we verrast, want wij wisten allemaal dat Shakti Prasad door Amma's genade verwekt was. Dat Nayana wist dat Shakti

Prasad Amma's eigen kind was, bewees ons dat hij niet zo gek was als hij leek.

Nadat Amma in de bus gestapt was, zei ze: "Toen wij op weg waren naar Kanyakumari, begreep Nayana wie ik was. Hij wachtte tot ik terugkwam omdat hij mijn echte aard wilde zien. Daarom manifesteerde hij zich voor de bus en verdween toen. Ik begreep dat en toen ik voor hem zat kwam dus de drang om zijn verlangen te bevredigen in mij op. Toen Nayana de goddelijke stemming van Kali zag, kwam hij in de stemming van Shiva en samen genoten we van Transcendente Gelukzaligheid."

De rest van de reis gebeurde er niets bijzonders en we bereikten de ashram net op tijd voor Devi Bhava.

De volgende morgen ging Amma in het zand buiten de hut liggen. Er ging wat tijd voorbij. Ze kwam naar binnen en zei tegen mij: "Nayana Swami is mij hier zojuist komen opzoeken." Ik keek naar buiten, maar zag daar niemand. "Nee, nee, ik bedoel het niet op die manier. Hij kwam in een subtiele vorm en is nu weggegaan." Door bij Amma te leven realiseert men zich geleidelijk dat deze wereld die wij zien, niet alles is wat er in Gods schepping is.

Op een dag kwam een dame de ashram in, liep naar een brahmachari die voor de tempel zat te mediteren, en blies in zijn oren. Hij was natuurlijk verrast. Nadat de vrouw dit gedaan had, ging ze weg. Ze had het uiterlijk van een plaatselijke dorpeling. Amma zag haar de ashram inkomen en uitgaan. Ze zei dat de vrouw een mahatma geweest moest zijn. Ik vroeg moeder waarom ze dat dacht. Iedere gek kon op dezelfde manier gehandeld hebben. Amma zei: "Hoe kon ze anders geweten hebben dat die brahmachari gezwellen in zijn oor had? Er zijn veel van dergelijke mahatma's die onbekend voor het publiek rondtrekken."

Iedere morgen mediteerden we enige tijd met Amma, zittend in de open ruimte voor de hut. Op een ochtend was ik te laat om met de anderen mee te doen. Ik ging stil ongeveer zes meter van

Amma vandaan zitten. Binnen een paar seconden nadat ik mijn ogen gesloten had, werd mijn geest volledig stil. Na korte tijd begon hij weer met zijn gebruikelijke "apenstreken." Ik zat daar ongeveer een half uur, stond op en ging de hut binnen. Amma kwam de hut binnen en zei: "Zoon, had je vandaag enige ervaring in je meditatie? Toen je kwam en bij me ging zitten, richtte mijn geest zich op jou, nam de vorm van Brahman aan en ging naar je toe."

In de komende jaren werd dit voor mij een teken dat Amma aan mij dacht. Het gebeurde vele malen dat mijn geest stil werd en een intense gedachte aan Amma mijn bewustzijn in beslag nam, hoewel ik fysiek ver van Amma weg was. Dit gebeurde soms zelfs als ik met iemand aan het praten was. Ik moest dan ophouden met praten en daar als een stille dwaas staan. Dit gaf mij het vertrouwen dat enkel Amma's gedachte mij kon zegenen met de Realisatie die ik zocht. Amma had me gezegd dat dit inderdaad waar was. Vier dagen nadat ik Amma voor het eerst ontmoet had, keerde ik terug naar Tiruvannamalai. Tijdens de treinreis rook ik verschillende goddelijke geuren, ik voelde me alsof Amma daar bij mij was. Ik ervoer intens en veelvuldig huilen en verlangen om Amma te zien. Toen ik na anderhalve maand naar haar terugkeerde, vroeg ik haar over deze verschijnselen. Ze bevestigde dat wat ik dacht, juist was, dat ze aan mij gedacht had en die geconcentreerde gedachte had me met die ervaringen gezegend. Wat zelfs na jaren van spirituele oefening niet bereikt kan worden, kan in een ogenblik bereikt worden door de gedachte of de blik van een Satguru, een Perfecte Heilige.

Er is een mooi verhaal over een man die koning was in Perzië. Hij was erg dol op de spirituele manier van leven en zocht altijd het gezelschap van heiligen. Maar hij leefde in zo'n luxe dat hij op een bed sliep dat steeds bedekt werd met een laag van vijfentwintig centimeter bloemen. Op een dag toen hij op het punt stond om te gaan liggen, hoorde hij lawaai op het dak van het paleis boven zijn kamer. Na onderzoek vond hij twee mannen die daar ronddwaalden.

"Wat doen jullie hier?" vroeg hij hun streng.

"Meneer, wij zijn kameeldrijvers en zoeken onze verloren kamelen," antwoordden ze.

Verbaasd over hun dwaasheid zei hij hun: "Hoe verwachten jullie ooit kamelen op het dak van een paleis te vinden?"

"Koning, omdat U probeert God te realiseren in een bed met bloemen, waarom zouden wij dan niet verwachten om kamelen op een paleisdak te vinden?" antwoordden zij.

Dit antwoord schokte de koning geweldig en als gevolg van deze woorden, veranderde hij zijn manier van leven totaal. Hij verliet zijn koninkrijk en ging naar India om een gerealiseerde guru te vinden. Toen hij Benares bereikte, hoorde hij over een guru genaamd Kabir. Hij ging naar zijn huis en vroeg hem om hem als leerling aan te nemen.

Kabir zei: "Er is niets gemeenschappelijk tussen een koning en een eenvoudige wever als ik. Twee zo verschillende mensen kunnen nauwelijks met elkaar overweg."

Maar de koning smeekte hem en zei: "Ik ben niet naar u toegekomen als koning, maar als bedelaar. Opnieuw verzoek ik U om de gunst die ik zoek." Loi, de vrouw van Kabir voelde mee met de koning en drong er bij haar man op aan om hem te accepteren. Tenslotte gaf Kabir toe aan haar verzoek.

De koning kreeg het ondergeschikte werk in het huis te doen: het schoonmaken van de wol en de draad, water en brandhout halen en meer van dat werk. Zes jaar ging voorbij en de koning deed al het werk zonder te mopperen. Op een dag verzocht Loi Kabir: "Deze koning is nu zes lange jaren bij ons geweest. Hij heeft gegeten wat wij hem aangeboden hebben en heeft gedaan

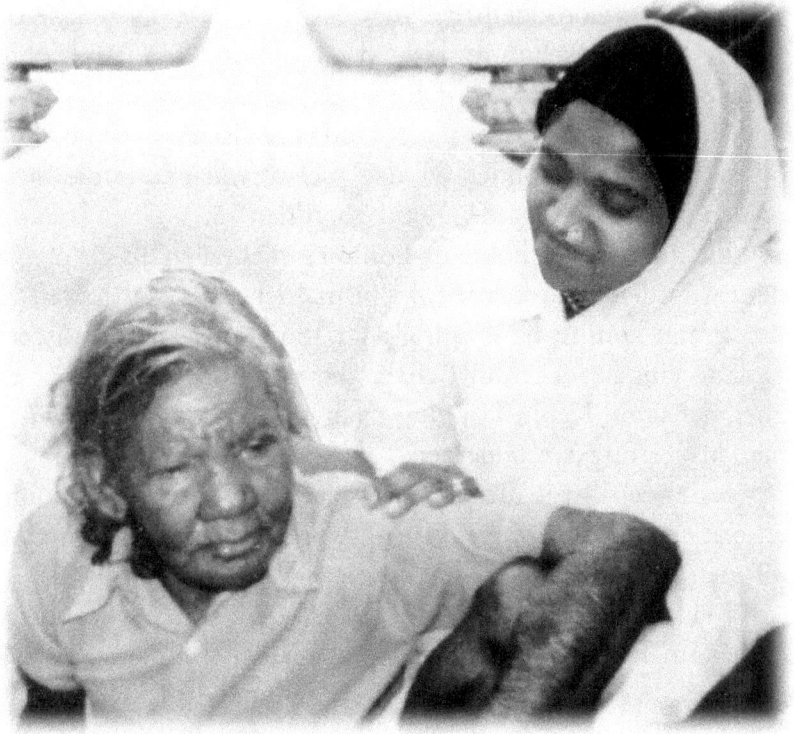

Moeder met Mayi Amma

wat wij hem hebben opgedragen te doen zonder één woord te klagen. Het lijkt erop dat hij initiatie erg verdient."

Kabir zei: "Voorzover ik kan zien is de geest van de koning nog niet kristalhelder." Maar Loi smeekte de heilige opnieuw en zei dat ze niet kon geloven dat hij ongeschikt was voor initiatie. "Als je me niet gelooft," zei Kabir tegen zijn vrouw, "kun je het jezelf bewijzen. De volgende keer dat de koning het huis uitgaat, moet je alle afval dat je kunt vinden, verzamelen en naar de top van het dak brengen. Wanneer je de koning naar buiten naar de straat ziet gaan, dan moet je het afval op zijn hoofd smijten. Kom dan en vertel me wat je uit zijn mond gehoord hebt."

Loi deed zoals haar gezegd werd en toen het afval op het hoofd van de koning viel, keek hij omhoog en zuchtte: "Als dit Perzië geweest was, zou je dit niet met mij hebben durven doen."

Loi ging terug naar haar man en vertelde hem wat de koning gezegd had. "Heb ik je niet gezegd dat de koning initiatie nog niet volledig verdient?" merkte Kabir op.

Er gingen weer zes jaar voorbij waarin de koning even hard werkte als de eerste zes jaar. Op een dag zei Kabir tegen zijn vrouw: "Nu is het vat helemaal klaar om de gift te ontvangen," Zijn vrouw zei: "Ik zie geen verschil tussen de toestand van de koning zes jaar geleden en nu. Hij is steeds plichtsgetrouw en bereidwillig geweest en heeft nooit één woord geklaagd, zelfs niet op dagen dat er niet genoeg voedsel was om hem te eten te geven." Kabir zei: "Als je het verschil wilt zien, kun je opnieuw het afval op zijn hoofd gooien."

Dus de volgende dag, toen de koning voorbij het huis liep, deed zij precies wat haar man haar gezegd had. De koning keek omhoog en zei: "Moge U lang leven. Deze geest zat nog vol ego en zelf. Hij moest op deze manier behandeld worden."

Loi ging toen haar man vertellen wat de koning gezegd had. Hij riep de koning en staarde naar hem. Door de kracht van

Kabirs blik ging de geest van de koning alsmaar omhoog en ging op in het Hoogste Zijn.

"Uw sadhana is volledig. Nu kunt U beter naar Uw koninkrijk teruggaan," zei Kabir.

Zo is de almachtige kracht van een Gerealiseerde Ziel. Men moet het gezelschap van een guru zoeken en ernaar streven om de gurus genade te krijgen. Als men tracht om op eigen houtje sadhana te doen, zal er veel kostbare tijd verloren gaan door te proberen het doel met vallen en opstaan te bereiken. Zelfs als men een guru heeft, zullen er veel hindernissen van binnen uit en van buiten af ontstaan. Waarom zou je niet zoveel mogelijk hulp proberen te krijgen en het doel zo snel mogelijk bereiken? Hoeveel spirituele boeken men ook mag bestuderen en mag mediteren, er zijn zoveel subtiele aspecten van het spirituele leven waarvan men niet kan weten hoe men ze tegemoet moet treden. Heiligen die de weg afgelegd hebben en het doel bereikt hebben, zijn de grootste hulp. Toch zijn ze heel zeldzaam.

Toen ik een keer 's avonds met Amma voor de tempel zat, vroeg ik haar: "Amma, wat moet ik doen om God te realiseren?"

Amma pakte een handvol zand op en zei: "Je moet als dit zand worden. Dit zand laat iedereen over zich heen lopen zonder te klagen. Het is het laagste van het laagste. Evenzo wanneer jij niets wordt, op dat moment wordt je het Al. Individualiteit moet verdwijnen. Alleen dan kan het Universele Bestaan schijnen. Dit is het doel achter alle spirituele oefeningen."

Het woord "mahatma" betekent grote ziel. Vele spirituele zoekers hebben grootse ideeën hoe ze grote spirituele kracht kunnen verkrijgen en daardoor een mahatma kunnen worden. Maar wat is een echte mahatma? Het is iemand die het ego vernietigd heeft, iemand die zijn of haar individualiteit heeft opgegeven en daardoor in het Universele Zijn is opgegaan. Alleen dit zijn de kenmerken van een grote ziel. Deze eigenschappen bestaan niet in een egoïst die macht zoekt. Alleen wanneer men het ego veroverd heeft, krijgt men toegang tot echte spirituele kracht. God geeft zijn schatten niet aan iemand die een afzonderlijke identiteit wil handhaven.

Op een dag arriveerde er in Vallickavu een jongeman uit Hyderabad. Hij zei dat hij een toegewijde van Devi was en jarenlang allerlei sadhana's gedaan had om de genade van de Goddelijke Moeder te krijgen. Hij had over Amma gehoord en wilde tijdens Devi Bhava in de tempel zitten en de *Devi Mahatmyam* reciteren, een oud en beroemd Sanskriet lied ter ere van de Goddelijke Moeder. Amma stemde met zijn voorstel in. Diezelfde dag lagen Amma, Gayatri en ik na het middageten onder een boom te rusten. Deze man ging ook onder een boom liggen ongeveer vijftien meter van ons vandaan. Er gingen ongeveer vijf minuten voorbij toen Amma begon te giechelen. Ze keek ons aan en zei: "Deze man is een expert in zwarte magie. Hij heeft allerlei mantra's van buiten geleerd die hem in staat stellen om kwade geesten te beheersen die op het subtiele niveau leven. Met hun hulp kan hij allerlei onheil aanrichten."

Ik was verrast Amma dit te horen zeggen en vroeg: "Amma, hoe kunt U zoiets zeggen? U hebt nauwelijks tijd gehad om hem gade te slaan."

"Ik heb geen tijd nodig om te begrijpen wie iedereen is. De bries die zijn lichaam aangeraakt heeft, heeft die mantra's hier naar mij toe gebracht."

Mijn haren rezen te berge toen ik Amma's schokkende woorden hoorde. Ik ving plotseling een glimp op van Amma's wereld. Ik was sprakeloos en mijn geest was verlamd. Als wij naar Amma kijken vanuit onze grove waarneming, hoe kunnen we dan ooit begrijpen wie ze is en hoe ze deze wereld waarneemt? Wij leven in een afgesloten, donkere kamer terwijl Amma buiten in de heldere, open ruimte staat. Niets is voor haar blik verborgen.

We zijn allemaal vertrouwd met de uitdrukking "Niets kan verborgen worden voor het alziende oog van God." Wat enkel een uitdrukking is voor de gewone man, wordt een levende ervaring in de aanwezigheid van een Gerealiseerde Ziel. Als men zelfs voor korte tijd in het gezelschap van zulke mensen leeft, zal men nooit meer op een achteloze manier uitdrukkingen gebruiken als: "God verhoede het," "God mag het weten" of "Godverdomme". Voor de gemiddelde mens is God slechts een woord. Dat God bestaat weet je duidelijk wanneer je in het gezelschap van mahatma's leeft.

Die nacht was het Devi Bhava. Onze vriend, de zwarte magiër (zo noemden we hem) kwam de tempel in en ging naast me zitten. Hij had het boek in zijn hand, klaar om de Devi Mahatmyam te reciteren. Maar om de een of andere reden werd hij erg onrustig en bleef in alle richtingen rondkijken. Nadat hij ongeveer vijftien minuten heen en weer gedraaid had, stond hij tenslotte op en verliet de tempel zonder het lied te reciteren.

De volgende morgen kwam hij naar me toe en zei dat hij besloten had om die dag te vertrekken. Ik vroeg hem waarom hij zo'n haast had. Hij zei dat hij op zijn pelgrimstocht nog naar veel plaatsen moest gaan. Ik vroeg hem toen waarom hij de Devi Mahatmyam de vorige avond niet gereciteerd had, maar hij gaf geen antwoord. Ik voelde toen wat ondeugendheid in me opkomen en vroeg hem of hij iets van zwarte magie wist. Hij werd bleek en zei: "Nee." Ik vertelde hem toen wat Amma ons over hem verteld had. Toen hij mijn woorden hoorde, leek het erop dat hij op het punt stond om uit de ashram weg te rennen. Toen zei hij: "Het is waar dat ik die mantra's lang geleden bestudeerd heb, maar ik heb ze nooit tegen iemand gebruikt." Of wat hij zei waar was of niet, wie zal het zeggen. Maar ik wilde hem niet nog meer van streek brengen en dus vroeg ik of hij Amma graag wilde zien voordat hij vertrok. Dit maakte het voor hem waarschijnlijk zelfs nog onaangenamer, want het was op de eerste plaats Amma die hen ontmaskerd had. Misschien uit beleefdheid zei hij "Ja."

We gingen toen Amma's hut binnen en troffen haar aan in gesprek met enkele toegewijden. Amma keek hem met een glimlach aan en zei: "Zoon, hoeveel kinderen heb je en bij hoeveel vrouwen? Vijftien? Twintig? Je moet die slechte mantra's nooit om enige reden gebruiken. Niet alleen dat, je moet ook geen sterke drank drinken en ongeoorloofde seks hebben in de naam van tantrische aanbidding. Het leidt alleen tot je ondergang. Je kunt wel denken dat je op die manier wat spirituele vooruitgang maakt, maar zonder de leiding van een guru die realisatie door het tantrische pad bereikt heeft, richt men zich alleen te gronde."

Toen de man dit hoorde, begon hij bezwaar te maken, maar misschien na enig nadenken realiseerde hij zich de waarheid van Amma's woorden en hij hield zijn mond. Hij boog voor Amma en vertrok. We zagen hem nooit meer terug. Ongeveer een maand later kwam een andere man uit Hyderabad Amma opzoeken. Hij vertelde ons dat hij de jongeman kende van wie inderdaad bekend was dat hij al die dingen deed die Amma had genoemd.

Dit voorval wierp bij mij vragen op over het toekomstige lot van deze man en anderen zoals hij, die zelf misleid zijn en ook anderen misleiden. Zullen zij na de dood of in een toekomstig leven niet lijden? Dit deed een nog grotere vraag in mijn geest ontstaan, of er wel of niet enig bestaan is na de dood van het lichaam. Wie kon dit beter weten dan zij die acht uur lang "dood" geweest was nadat haar vader haar in Devi Bhava verzocht had om zijn dochter "terug te geven."

De volgende dag vroeg ik Amma: "Amma, er is een verhaal in de *Upanishaden* over een jongen die op de een of andere manier naar de wereld van de dood reisde en de Heer van de dood, Yama, vroeg of men blijft bestaan na de dood van het lichaam. Amma,

U ziet alle werelden in Uzelf. Vertel mij alstublieft wat er gebeurt nadat we het fysieke lichaam verlaten hebben."

Amma's uitdrukking werd erg serieus en ze zei: "Door over het leven na de dood te vragen, vraag je ook over de leer van karma. Het analyseren van de wet van karma is niet zo belangrijk. Het belangrijkste is om eruit te komen, om voorbij de cyclus van karma te gaan die veroorzaakt wordt door de onwetendheid over je eigen Zelf.

Negatieve handelingen die we in het verleden verricht hebben, geven misschien geen resultaat in de nabije toekomst en hetzelfde geldt voor goede activiteiten. We kunnen iemand zien met gebrek aan goede eigenschappen, die een schijnbaar prettig leven leidt, en we kunnen een goed iemand zien lijden zonder aanwijsbare reden. Dit lijkt misschien in strijd met de wet van karma. Je kunt zelfs concluderen dat zoiets niet bestaat. Maar om de betekenis van de wet van karma te begrijpen moet deze onderzocht en geëvalueerd worden vanaf een hoger niveau van bewustzijn. Om in staat te zijn om je te verheffen en karma van dat hogere niveau te zien zijn geloof en spirituele oefening noodzakelijk. Hier is het criterium niet het intellect maar spirituele intuïtie.

Het hele leven beweegt zich in cycli. Het hele universum is een cyclus. Net zoals de aarde in een regelmatige cyclus om de zon beweegt, zo beweegt de hele Natuur zich in een cyclisch patroon. De seizoenen bewegen zich in cirkels: lente, zomer, herfst en winter, opnieuw lente, enzovoorts. De boom komt uit het zaad voort en de boom verschaft op zijn beurt zaden waaruit nieuwe bomen zullen groeien. Het is een cirkel. Op dezelfde manier is er geboorte, kinderjaren, jeugd, ouderdom, dood en opnieuw geboorte. Het is een ononderbroken cirkel. De tijd beweegt zich in een cirkel, niet in een rechte lijn. Ieder levend wezen moet onvermijdelijk karma en de resultaten ervan ervaren, totdat de geest stil is en men tevreden in zijn eigen Zelf vertoeft.

Cycli vinden telkens opnieuw plaats als actie en reactie. De tijd gaat in cycli. Het is niet zo dat precies dezelfde gebeurtenissen telkens opnieuw plaatsvinden. Het is eerder dat zo dat de *jivatman* (individuele ziel) verschillende vormen aanneemt in overeenstemming met zijn *vasana's* (verborgen neigingen). Reacties zijn het gevolg van handelingen die we in het verleden verricht hebben. Het gaat alsmaar door. Als de cirkel van het leven ronddraait, dragen de handelingen uit het verleden vrucht. We kunnen niet zeggen wanneer de vrucht zal komen, wat de vrucht zal zijn of hoe hij zal komen. Het is een mysterie dat alleen de Schepper kent. Je gelooft erin of niet. Of je erin gelooft of niet, de wet van karma blijft werken en haar vruchten afwerpen. Karma is zonder begin maar het eindigt wanneer je het ego laat vallen, wanneer je de toestand van Realisatie bereikt.

De mens ontwikkelt zich naar God. Iedere mens is in wezen God. De evolutie van mens naar God is een langzaam proces. Het vereist veel snijden, poetsen en omvormen. Er is veel werk voor nodig en het vereist veel geduld. Het kan niet haastig gedaan worden. Revolutie is snel, maar dat doodt en vernietigt. De mens is revolutionair, God is evolutionair.

De cirkel van het leven beweegt langzaam en gestaag. De zomer komt en neemt daarvoor de tijd. Hij heeft nooit haast. Alle andere seizoenen, herfst, winter en lente, ze nemen er allemaal de tijd voor. Achter het mysterie ligt de onzichtbare kracht van God. Die kracht kan niet geanalyseerd worden. Vertrouw er gewoon op dat die er is.

Probeer de cyclus van karma te vergeten. Het is niet nodig om over het verleden na te denken. Het is een afgesloten hoofdstuk. Alles wat gedaan is, is gedaan. Zie het heden onder ogen. Wat belangrijk is, is het heden, omdat onze toekomst helemaal afhangt van hoe we in het heden leven. Alleen wanneer de Goddelijke Aanwezigheid ieder ogenblik van ons leven doordringt, zullen we echt in het heden aanwezig zijn. Tot dan toe verblijven we of in het verleden of in de toekomst. Het heden ligt in dit moment, maar we missen het altijd. Wanneer we in het nu leven, zijn we helemaal hier. Het volgende ogenblik doet er niet toe. Het leven in het moment, in God, het Zelf stopt het functioneren van de wet van karma in ons.

De kracht van karma versluiert onze ware aard, terwijl het tegelijkertijd de drang om de Waarheid te realiseren schept. Het leidt ons terug naar onze ware aard van zijn. De cirkel van karma is een grote hervormer, als je de ogen hebt om het echt te zien. Het maakt de grote boodschap kenbaar: 'Je leven is het resultaat van het verleden. Wees daarom op je hoede. Je gedachten en handelingen in het heden bepalen je toekomst. Als je goed doet, zul je overeenkomstig beloond worden. Maar als je fouten maakt of slechte handelingen verricht, zullen die handelingen met gelijke kracht naar je terugkeren.' En voor de echte spirituele zoeker is er deze grote boodschap: 'Het is het beste als je de cirkel helemaal stopt. Sluit de rekening en wees voor altijd vrij.' Al deze verklaringen over karma zijn om de mensen ervan te weerhouden om zichzelf en anderen schade toe te brengen en om hen ervan te weerhouden om weg te gaan van hun echte natuur, van God.

Niets is toevallig. De schepping is geen toeval. De zon, de maan, de oceaan, bomen en bloemen, bergen en dalen zijn geen toevalligheden. De planeten bewegen rond de zon zonder een centimeter van hun vooraf bepaalde baan af te wijken. De oceanen beslaan grote gebieden van de aardbol, zonder de hele aarde in beslag te nemen. Als deze prachtige schepping toeval was, zou hij niet zo ordelijk en systematisch zijn. Het universum zou een chaotische warboel zijn. Maar kijk naar de verfijnde schoonheid en aantrekkelijkheid van de schepping en zijn ingewikkelde volmaaktheid. Kun je dit toeval noemen? Het uitgebreide patroon van schoonheid en ordelijkheid dat de hele schepping doordringt, maakt het heel duidelijk dat er een groot hart en een onvoorstelbare grote intelligentie achter alles is.

Ons verleden is niet alleen het verleden van dit leven. Het moet niet alleen terug gevolgd worden tot de geboorte van dit huidige lichaam. Het verleden bestaat uit al onze vorige levens waardoor we met verschillende namen en vormen gereisd hebben. De toekomst kunnen we ook niet zien. Hij staat niet onder onze controle. We kunnen niet voorspellen wat er morgen zal gebeuren. De waarheid van karma is daarom meer een kwestie van geloof dan van iets anders. Net zoals de golven van de oceaan in verschillende vormen en afmetingen verschijnen, neemt de levenskracht verschillende vormen aan overeenkomstig ieders verzamelde neigingen.

Als je eenmaal het Zelf realiseert, zul je alles over karma weten. De mysteries over je vorige levens zullen je ook onthuld worden. Je zult je het geheim van het hele universum, van alles in de schepping realiseren. Alleen Zelfrealisatie zal het mysterie oplossen. Als je eenmaal Perfectie bereikt, zul je weten dat het echte Zelf altijd aanwezig was en is. Je zult weten dat het ware Zelf nooit geboren werd en ook niet zal sterven en dat het nooit onderworpen is aan de wet van karma.

Er is geen garantie voor de toekomst of zelfs voor het volgende ogenblik. Alleen de dood kan gegarandeerd worden. Dit moment is echt, het volgende ogenblik kan de dood brengen, wie zal het zeggen? Iemand die voor alles dankbaar is, zal alles loslaten om de dood liefdevol en met een glimlach te omhelzen. Voor zo iemand is de dood prachtig. Voor hem is de dood niet een vijand om bang voor te zijn. Integendeel, de dood wordt zijn dierbaarste vriend. De dood is niet het einde, het is het begin van een ander leven."

Hoofdstuk 6

Geloof door genade

Diezelfde dag kwam er een brief uit Amerika van mijn broer Earl. Hij zei dat hij graag wilde komen en Amma zelf wilde zien, want ik had hem over haar verteld toen ik in Amerika was. Twee weken later kwam hij aan. Ik bracht hem naar mijn kamer wat niet meer was dan een deel van de hut. Hij was een beetje verbaasd over mijn leefomstandigheden. Hij ging op het bed zitten en we begonnen te praten. Precies op dat moment kwam Amma de kamer binnen en ging naast hem op het bed zitten. Ze bekeek hem van boven naar beneden, kneep hem in de arm en zei: "Je bent een beetje dik, nietwaar?" Zonder aanwijsbare reden barstte Earl in tranen uit. Ik dacht dat Amma hem echt hard geknepen moest hebben, maar dat was het niet. Ik had hem nooit in mijn leven zien huilen. Amma keek naar mij met een ondeugende grijns op haar gezicht. Ondertussen schreeuwde Earl als een kind. Amma vond zijn tatoeëringen erg vermakelijk en onderzocht ze grondig. Zij bedekten zijn armen en waren allemaal in "technicolor." Krishna was er, Buddha, de *kundalini*-slang en andere spirituele onderwerpen. Hij leek wel een wandelende spirituele poster. Hoe meer hij huilde, des te meer glimlachte Amma. Uiteindelijk leek hij zijn zelfbeheersing terug te krijgen, maar hij kon geen woord uitbrengen. Amma zat daar nog een paar minuten en stond toen op en ging weg. Hij had duidelijk de schok van zijn leven gekregen. Zo was Earls eerste, explosieve ontmoeting met de Goddelijke Moeder. Maar er stonden hem nog meer explosies te wachten.

Earl vroeg mij of ik een boek had over Heer Sri Krishna en dus ging ik de *Bhagavatam* in de ashrambibliotheek halen. In mijn kamer besteedde hij veel tijd aan het lezen ervan, maar telkens als hij het woord "Krishna" tegenkwam, barstte hij in tranen uit. Alsof dit niet erg genoeg was, barstte hij ook steeds in huilen uit als hij de Amma's stem hoorde. Zodra hij tijdens Krishna Bhava dicht bij Amma kwam, begon hij oncontroleerbaar te beven en te huilen. Hij kwam dan naar me toe, ging op de grond zitten en verborg zich achter mijn *dhoti* (een doek die Indiase mannen dragen vanaf het middel naar beneden). Nadat hij dit een paar dagen lang ondergaan had, besloot hij uiteindelijk dat hij de zaak met Amma wilde bespreken. Ik ging naar de aangrenzende hut waar Amma verbleef en vroeg haar of ik hem binnen kon brengen, waarop zij ter goedkeuring knikte.

Nadat we Amma's kamer binnengegaan waren, gebaarde ze Earl om naast haar op haar bed te komen zitten. Ik begon haar te vertellen dat hij wat vragen had waarop hij een antwoord wilde, maar voor ik iets kon zeggen, barstte hij weer in huilen uit. Amma gaf hem een knuffel en keek veelbetekenend en met een grote glimlach naar mij. Dit ging ongeveer tien minuten door, waarnaar zij, denk ik, ophield zijn "huilknop" in te drukken, omdat ze vond dat hij genoeg gehuild had. Tenslotte stelde hij zijn vraag.

"Ik wil alleen zeggen dat ik het niet leuk vind wanneer ik niet begrijp wat er met me gebeurt. Nadat ik hier gekomen ben, schijn ik een of andere geestelijke zwakte ontwikkeld te hebben. Waarom huil ik anders de hele tijd zo?"

Amma lachte minzaam en zei: "In het diepst van ons hart zijn we allemaal kinderen van God, maar naarmate we ouder worden, wordt dat kind omgeven door een hard omhulsel dat gevormd wordt door onze slechte daden. Lust, kwaadheid, jaloezie, oneerlijkheid, hebzucht, trots en andere van zulke negatieve neigingen vormen het omhulsel. Tenslotte wordt het zachte, kleine kind hard als steen. Maar in Gods aanwezigheid of in de aanwezigheid van een gerealiseerde ziel begint dat omhulsel te smelten en te scheuren. Daarom begint iemand te huilen als een kind. Als dat iemand overkomt, is hij zeer fortuinlijk. Zuiverheid die men in vele levens met spirituele oefeningen niet kan bereiken, kan door een paar minuten zo te huilen verkregen worden."

Earl was erg blij en opgelucht toen hij Amma's verklaring hoorde. Maar na een paar dagen werd zijn geest weer sceptisch. Die avond zei hij vlak voor Krishna Bhava tegen mij: "Ik denk dat al dit huilen door een of andere zwakheid in mij komt. Vanavond heb ik besloten dat ik niet in huilen zal uitbarsten, wat er ook mag gebeuren." Dit is het resolute besluit van veel kinderen van Amma geweest, maar het zorgvuldig gebouwde kaartenhuis van het menselijke ego kan nooit standhouden tegenover de vloedgolf van haar Goddelijke Energie.

Earl ging dapper het slagveld van Amma's tempel op en ging naar haar toe in Krishna Bhava. En inderdaad, hij beefde niet en begon niet te huilen. Ik was de tempel ingegaan om zijn overwinning of nederlaag te zien. Amma glimlachte naar mij alsof ze wilde zeggen dat ze zijn plan volledig kende vanaf het moment dat het opkwam. Nadat Earl Amma's darshan ontvangen had, kwam hij naast mij staan met een blik vol zelfvertrouwen. Toen ik dit zag, ging ik naar buiten en ging met de andere toegewijden voor de tempel zitten. Kort daarop kwam Earl ook naar buiten. Maar zodra hij de voordeur uitkwam, ging hij plotseling rechtop staan en met een vreemde uitdrukking op zijn gezicht rende hij weg naar de achterkant van de ashram. Daarop volgde zo'n luide en pijnlijke schreeuw dat veel toegewijden terugholden om te zien wat er gebeurde. Tot hun verrassing was het Earl! Sommige toegewijden kwamen terug en vroegen wat er met mijn broer aan de hand was. Leed hij aan een of andere intense pijn? Ik glimlachte alleen en zei dat ik het niet wist.

Toen de Krishna Bhava over was, ging ik naar mijn kamer om even te rusten. Daar zat Earl nogal onbeholpen en hij probeerde een boek te lezen. Ik vroeg hem wat er aan de hand was en hij antwoordde: "Je hebt misschien gezien wat er vanavond in de tempel gebeurde. Ik beheerste me op de een of andere manier toen ik naar de darshan ging. Hoewel ik begon te huilen, slaagde ik erin het te onderdrukken. Toen dacht ik dat ik gelijk had, dat al dit huilen gewoon iets emotioneels is. Maar zodra ik de deur van de tempel bereikte, kwam er een geweldige stroom energie van de onderkant van mijn ruggengraat naar boven en toen die de bovenkant van mijn hoofd bereikte, explodeerde die als een vuurpijl. Op dat moment werd ik ervan overtuigd dat Amma een incarnatie van God is. Wie anders zou zoiets bij mij hebben kunnen doen?"

Een paar dagen later ging Earl terug naar Amerika. Hij vertelde me later dat er sindsdien geen dag voorbijging dat hij niet denkend aan Amma in tranen uitbarstte. Het jaar daarop kwam hij naar Vallickavu terug en benaderde Amma om hem te zegenen met een kind, want zijn vrouw was vele jaren niet zwanger geworden. Amma zegende hem en kort daarop werd zijn vrouw inderdaad zwanger en schonk het leven aan een zeer intelligent en vroegwijs jongetje. De volgende twee jaar kwam hij terug naar Vallickavu en bracht zijn vrouw en kinderen mee. Uiteindelijk besloot hij om rechten te gaan studeren. Hij was al in de veertig en om op die leeftijd een graad te krijgen is erg moeilijk. Toen hij Amma daarover vroeg, zei ze: "Er zijn veel hindernissen op je pad als je jurist wil worden, maar Amma zal het regelen." Tijdens zijn studie werd het twijfelachtig of hij zijn examens zou halen of niet. Hij schreef toen naar Amma en vroeg haar opnieuw om hem te zegenen zodat hij de komende examens zou halen.

Toen ik de brief aan Amma voorlas zei ze: "Hij is laks in zijn studie geworden. Zeg hem zorgvuldiger te zijn en ik zal voor alles zorgen." De volgende keer dat ik Earl zag, zei hij dat Amma volkomen gelijk gehad had en dat hij, nadat hij zorgvuldiger geworden

117

was, geen problemen meer op school gehad had. Uiteindelijk kreeg hij zijn graad en werd advocaat.

Het is altijd inspirerend om de toegewijden te ontmoeten die Amma komen opzoeken, en hun verhalen te horen over hoe zij geloof in haar ontwikkelden als de Goddelijke Moeder. Er was een professor Engels die regelmatig voor Amma's darshan kwam. Toen hij een jongeman was, had hij zeer sterke spirituele neigingen. In feite wilde hij zelfs de wereld opgeven en monnik worden. Maar helaas was hij de enige zoon en als men de enige zoon in een Indiaas gezin is, is men verplicht om te trouwen, kinderen te krijgen en de familielijn voort te zetten. De jongeman stemde er daarom mee in te trouwen en nam een deugdzaam meisje tot vrouw. De eerste nacht van hun huwelijk vertelde hij zijn vrouw: "Door Gods wil was ik niet in staat om het leven van een monnik te leiden en ben ik dus getrouwd. Als tenminste één van mijn kinderen zo'n leven kan leiden, zal ik tevreden zijn. Daarom vraag ik je, voordat we met elkaar slapen, dat je ermee instemt dat ons eerste kind aan de Goddelijke Moeder wordt opgedragen en op het spirituele pad gezet wordt." Het meisje was het zonder aarzelen met zijn wensen eens en schonk na enige tijd het leven aan een zoon. Ongelukkigerwijs vergaten beiden hun gelofte en hun leven ging verder. Toen de jaren verstreken, ontwikkelde hun zoon een aantal problemen met zijn gezondheid. Ze raadpleegden veel dokters, maar zonder resultaat. Uiteindelijk hoorden ze op een dag over Amma wier dorp slechts een of twee uur van hun dorp af was. Inmiddels was de jongen reeds zeven jaar oud. De man besloot daarom om een reis naar Amma te maken in de hoop dat zij iets voor zijn zoon kon doen. Toen hij aankwam was Devi Bhava al begonnen. Hij ging de tempel in en boog voor Amma. Toen hij zijn hoofd optilde, vroeg Amma glimlachend: "Waar is je zoon? Waarom heb je hem niet naar Mij toe gebracht? Herinner jij je de belofte niet die je in je huwelijksnacht gedaan hebt, om je eerste kind aan Mij te offeren?" Onnodig te zeggen dat hij geschokt was en vanaf toen diep geloof ontwikkelde in Amma als de Goddelijke Moeder zelf.

Dieren speelden ook een rol in de gebeurtenissen in de ashram. Op een avond tijdens Devi Bhava begon één van de kalveren een luid loeiend geluid te maken, dat klonk alsof hij erg ziek was. Wij gingen allemaal kijken wat er aan de hand was, behalve Amma die in de tempel zat. We zagen dat het kalf stuiptrekkend op de grond lag. Er was niet veel wat we konden doen en dus brachten we Amma op de hoogte. Zodra Devi Bhava over was, kwam Amma naar de koeienstal gerend en nam het hoofd van het kalf in haar schoot. Ze vroeg iemand wat heilig water uit de tempel te halen. Toen ze dat gekregen had, goot ze het in de mond van het kalf en maakte met haar handen een gebaar alsof ze zeggen wou: "Ga nu maar." Binnen enkele ogenblikken blies het kalf zijn laatste adem uit. Amma wendde zich tot ons en zei: "Dit kalf was in zijn vorige leven een sannyasi. Op de een of andere manier raakte hij gehecht aan een koe en als gevolg daarvan werd hij als koe wedergeboren. Maar omdat hij een monnik was, werd hij in deze ashram geboren en ontving de weldaad van het heilige gezelschap van toegewijden en heiligen. Hij werd gezegend door de klank van het reciteren van de Goddelijke Naam en werd gevoerd door de handen van spirituele aspiranten. Nu heeft hij een hogere geboorte bereikt." Dit is het mysterieuze functioneren van karma. Toen we Amma's verklaring hoorden, verdween het beetje droefheid dat we hadden door het plotselinge overlijden van het kalf. Amma vertelde ons later dat haar eigen moeder die nacht had moeten overlijden. In feite had zij haar moeder eerder diezelfde dag verteld om zich op het ergste voor te bereiden. Amma zei dat ze besloot om het leven van haar moeder te verlengen door haar dood over te brengen op het kalf en daardoor het karma van het kalf ook te vervullen. Amma vertelde ons ook dat ze hetzelfde voor honderden mensen gedaan had die door de jaren heen naar haar toe gekomen waren. Ze zag dat hun tijd om heen te gaan dichtbij was en dat hun dood geweldige problemen voor hun familie zou creëren. Uit mededogen voor hen verlengde ze daarom hun levensduur. Ze vroeg hun om een koe, kip en een hond of kat te kopen en dan stierven deze dieren op de voorbestemde dag in plaats van zijzelf. Toen we dit hoorden, realiseerden we ons dat niet alleen Amma's eigen leven en dood in haar handen is, maar ook de levens van haar toegewijden.

Op een avond stond ik buiten met Shrikumar te praten. Hij schreeuwde plotseling en viel neer. Toen we naar zijn voet keken vonden we twee littekens die er precies als een slangenbeet uitzagen. We renden onmiddellijk naar Amma toe en vertelden haar wat er gebeurd was. Ze rende op Shrikumar af, nam zijn voet in haar handen, zoog het vergif van de beet op en spuwde het uit. Geleidelijk werd zijn pijn erger en tegen de nacht was het ondraaglijk. Amma zat de hele tijd bij hem, troostte hem en zei hem dat er niets was om zich zorgen over te maken. Maar de andere toegewijden vonden dat hij naar een dokter gebracht moest worden en behandeld moest worden voor de vergiftiging. Amma gaf haar toestemming en ze namen hem mee. Toen de dokter de wond en de andere symptomen zag, vertelde hij de toegewijden dat Shrikumar door een uiterst giftige slang gebeten was, maar vreemd genoeg was er geen aanwijzing van gif in zijn bloed. Hij keerde die nacht naar de ashram terug met verschrikkelijke pijn, die pas de volgende dag afnam.

Amma legde hem uit: "Zoon, je was voorbestemd om gisteren door een slang gebeten te worden, waar je ook geweest zou zijn. Maar omdat het in Amma's aanwezigheid gebeurde, is je geen kwaad overkomen. Omdat ik wist dat dit zou gebeuren, stond ik je gisteren niet toe om naar huis te gaan, ook al vroeg je me vanaf de morgen om je te laten gaan." Toen Shrikumar thuis naar zijn horoscoop keek, vond hij inderdaad dat hij op die dag aan vergiftiging zou lijden. Toen hij aan Amma's genade dacht, was hij overmand door emotie en huilde bij de gedachte aan haar mededogen.

Men kan zich afvragen waarom Amma eenvoudigweg niet voorkwam dat Shrikumar door een slang gebeten werd, want ze wist dat het zou gebeuren. Amma zegt dat na de overgave aan God of een gerealiseerde guru iemands karma sterk afneemt, maar men moet toch een beetje lijden. Om dit punt te verhelderen vertelt ze het volgende verhaal.

"Er leefde eens een rijke landeigenaar met twee zonen die van nature tegengestelden waren. De jongen die Mohan heette, was geneigd tot alles wat slecht was, terwijl de jongen die Sasi heette, nobel was en geneigd was tot religie. Toen ze opgroeiden gaf Mohan zich over aan wijn, vrouwen en gokken, terwijl Sasi zich verdiepte in religieuze activiteiten en naar alle religieuze bijeenkomsten in de omliggende dorpen ging. Mohan spotte met de spiritualiteit van zijn familie. Hij vond dat het zijn misfortuin was dat hij in zo'n gezin geboren was.

Op een dag was er een dansuitvoering door een beroemde danseres in het naburige dorp. Mohan zou de beschermheer en de speciale gast zijn. Hij werd verwelkomt als de zoon van een rijk man. Diezelfde avond was er een religieuze verhandeling in hetzelfde dorp en Sasi ging daarnaar luisteren. Op zijn terugreis was er een hevige stortregen en hij gleed in een greppel en verwondde zich ernstig. Hij werd door zijn vrienden naar huis gedragen en er werd een dokter gehaald om hem te behandelen.

Nadat Mohan zich met de danseres en haar gezelschap vermaakt had, ging hij op weg naar huis en hij gleed op dezelfde plaats uit. Maar Mohan viel niet. Hij stootte zijn voet tegen een grote steen. Toen hij beter keek, zag hij dat het een goudstaaf was. Verheugd kwam hij daarmee thuis en liet hem aan iedereen zien.

Toen hij de erbarmelijke toestand van zijn broer zag, beschimpte hij hem met de woorden: "Wat is het nut van jouw religie? Jij bent naar een recitatie van de geschriften gaan luisteren en op de terugweg heb je een verschrikkelijk ongeluk gekregen. Kijk naar mij. Ik heb een leuke tijd gehad en ben beloond met een kostbare goudstaaf. Wanneer geef je je ouderwetse manier van leven op? Als er een god is, zou Hij mij zeker gestraft hebben en jou beloond hebben. Maar wat zien we?" Er volgde een discussie onder de aanwezige mensen, maar ze kwamen niet tot een conclusie over wie er gelijk had, de rationalist of de gelovige.

De volgende dag trok er een mahatma door het dorp. De vader van de jongens nodigde hem in hun huis uit. Hij vertelde de mahatma wat er gebeurd was en wat Mohan gezegd had. De vraag was waarom moet een jongen met een religieuze instelling gewond raken en een vent met een kwade geest beloond worden? De mahatma zei: 'De nacht van het ongeluk was Sasi voorbestemd om te sterven. Vanwege zijn devotie en onschuld werd hij alleen gewond. Diezelfde nacht was Mohan voorbestemd om een positie van koningschap te verkrijgen, maar vanwege zijn slechte daden kreeg hij alleen een goudstaaf. Als je me niet gelooft, kijk dan naar de horoscopen van de jongens.' Toen de horoscopen geraadpleegd werden, vond men dat de woorden van de heilige juist waren."

Soms kwamen er op Bhava Darshan dagen meer dan duizend mensen naar de ashram om Amma te zien. Amma zat in haar hut vanaf de morgen tot de middag en ontving iedereen. 's Avonds gaf ze iedereen dan weer darshan, eenmaal tijdens Krishna Bhava en opnieuw tijdens Devi Bhava. In die tijd duurde de Krishna Bhava vanaf zeven uur 's avonds tot middernacht. Daarna kwam Amma naar buiten en zat een half uur lang bij de toegewijden, voordat ze darshan gaf in Devi Bhava, soms tot zes of zeven uur 's morgens. Daarna ontving ze de toegewijden en zat tot elf uur bij hen. Dan kwamen de jongemannen die later brahmachari zouden worden, de een na de ander, en Amma bracht de rest van de dag met hen door. 's Nachts werd ze gewoonlijk uitgenodigd om *puja* (aanbidding) te doen in de huizen van de toegewijden die in de omliggende dorpen woonden. Gewoonlijk begon de puja rond middernacht en ging door tot drie of vier uur 's morgens. Wanneer de puja voorbij was, zat Amma bij de toegewijden tot de zon opkwam voordat ze naar de ashram terugging. Dan herhaalde zich dezelfde routine. Soms ging het zo tien dagen aan één stuk door. Het was voor ieder van ons onmogelijk om Amma's tempo bij te houden, want hadden we niet wat slaap nodig? Wij vonden dat zij ook wat slaap nodig had en probeerden allerlei trucs om haar tot wat rust te verleiden. We hadden een lawaaierige oude ventilator die door zijn herrie alle andere geluiden aan het gehoor onttrok. Dit werd een effectieve manier om Amma van de rest van de wereld te isoleren. Zelfs als ze was gaan liggen en een menselijke stem hoorde, sprong ze op om te zien of het iemand was die voor haar gekomen was. De geschriften zeggen dat in de toestand van Zelfrealisatie het kleine zelf ophoudt te bestaan en de glorie van onzelfzuchtige bestaan helder schijnt. Amma's leven is een levend illustratie van dit gezegde. Je moet het zien om het te geloven. Op bepaalde dagen wanneer er onverwachts veel bezoekers kwamen, gaven de ashrambewoners vaak hun eigen eten aan hen. En wat deed Moeder dan? Ze nam een grote pot en ging in het dorp van deur tot deur om overgebleven rijst bedelen om ons te eten te geven. Ze zei: "Een sannyasi moet geen verlegenheid kennen. Noch moet een moeder zich schamen om te bedelen voor haar kinderen." Amma toont ons door zulke handelingen niet alleen wat echte onthechting is, maar ook wat echte liefde is. Als het gewone gezinsleven op een onbaatzuchtige manier geleid wordt, kan men zelfs daar spirituele vooruitgang boeken. Er is een aardig verhaal om dit punt te illustreren.

Er was eens een ernstige hongersnood. Een gezin van vijf verliet zijn woning om ergens anders middelen van bestaan te vinden. De vader onderging veel ontberingen en tegenspoed om zijn gezin te eten te geven en veel dagen moest hij hongerlijden. Als gevolg hiervan stierf hij na korte tijd. Nu moest de moeder de verantwoordelijkheid op zich nemen om voor haar kinderen te zorgen. Zij onderging op haar beurt verschrikkelijke ontberingen en werd zo verzwakt dat ze niet langer kon lopen. Toen haar jonge zoon haar conditie zag, zei hij: "Moeder, rust alstublieft, ik ga voor ons allemaal bedelen." Ze voelde zich erg ellendig bij de gedachte dat haar zoon het leven van een bedelaar moest gaan leiden om voedsel voor hun te krijgen, maar welke keus had ze? Hij at vele dagen niet zodat de overige gezinsleden konden eten.

Er ging een aantal dagen voorbij en de jongen werd zo zwak dat ook hij nauwelijks kon lopen. Op de een of andere manier bereikte hij een huis en vroeg om een beetje geld. De eigenaar van het huis zat op de veranda en bood de jongen in plaats daarvan wat voedsel aan. Op dat ogenblik viel de jongen flauw. De man pakte de jongen op en zette hem op schoot. De jongen mompelde iets. De man hield zijn oor bij de mond van de jongen en luisterde aandachtig. De jongen zei: "Het eten dat U wilt geven, geef dat alstublieft eerst aan mijn moeder." Nadat hij deze woorden geuit had, werd de jongen bewusteloos.

Dit soort familieliefde bestaat tegenwoordig niet. Kijk naar de edele affectie die deze zielen in onbaatzuchtige liefde met elkaar verbond. Wanneer men op deze manier een gezinsleven leidt, zuivert het de geest van de gezinsleden en leidt het naar Bevrijding.

Er is een misvatting bij veel mensen, vooral in India, dat alleen een monnik God kan realiseren. Maar door de jaren heen heb ik enkele getrouwde toegewijden ontmoet die veel verder gevorderd waren dan veel sannyasi's die ik gezien heb. In de tijd dat ik Hyderabad in Andhra Pradesh bezocht, raakte ik daar bevriend met een gehuwde toegewijde. Hij was zijn spirituele leven begonnen toen hij midden in de veertig was. En tegen de tijd dat hij heenging was hij achter in de zeventig en had hij God gerealiseerd. Hij had echter geen gemakkelijk leven, maar wie heeft dat wel? Iedere ochtend stond hij vroeg op, aanbad God, deed zijn mantra *japa* (herhaling) en las de geschriften. 's Avonds, als hij van zijn werk terugkwam, deed hij hetzelfde. Overdag herhaalde hij onafgebroken de naam van God. Als hij een heilige kon vinden die in de stad woonde, nodigde hij hem thuis uit en hield hem daar zolang als de heilige wenste te blijven, waarbij hij hem de hele tijd als een vorst behandelde. Bovendien organiseerde hij religieuze festivals in zijn huis, die soms een hele week duurden. Zijn overgave aan Gods wil was voorbeeldig. Op een dag vergezelde ik hem naar het ziekenhuis om een andere toegewijde op te zoeken die ziek was. Toen hij op een stoel bij het bed van de toegewijde zat, kwam er een verpleger voorbij die een gordijn op een metalen frame voortduwde. Het kantelde en viel boven op hem, waarbij het frame op zijn hoofd terecht kwam. Hij viel op de grond neer en was een ogenblik bewusteloos. Ik was bang dat hij ernstig gewond was, maar even later stond hij op en zei lachend: "Dank u wel, God, dank u wel!" Hij had een aantal lichamelijke problemen die het hem bijna onmogelijk maakten om te reizen, maar wanneer zijn plicht hem riep, ging hij zonder te aarzelen daarheen waar hij nodig was. Hij was begonnen als een rijke man, maar door de hebzucht van zijn verwanten had hij alles verloren. Zij zonden gewoonlijk al hun kinderen naar hem toe om op zijn kosten onderwijs en voedsel te krijgen. Voor zijn spirituele ontwikkeling accepteerde hij alles als Gods wil en gaf hij zich onvoorwaardelijk over. Als een gehuwd iemand zijn geest steeds op de gedachte aan God kan richten door mantra japa, studie van de geschriften, aanbidding, verzaking, het gezelschap van heiligen en wijzen, nederigheid en overgave aan Gods wil, kan hij zeker Realisatie bereiken. Wat iemands positie in het leven ook mag zijn, intense inspanning is noodzakelijk. Maar wat er gewoonlijk gebeurt, is dat men afgeleid wordt door de vele aantrekkelijke voorwerpen van de wereld en in het aardse blijft steken. Dat is de kracht van Maya, de universele illusie van de Heer.

Er was eens een zeer deugdzame koning, maar hij had geen kinderen. Toen de ouderdom naderde, raakte hij meer geïnteresseerd in spirituele bezigheden dan in wereldse zaken. Hij besteedde veel tijd aan studie van de geschriften, japa, meditatie en *satsang* (heilig gezelschap). De ministers van de regering waren bezorgd dat er geen geschikte troonopvolger zou zijn als de koning zou sterven voordat hij iemand benoemd had. Zij benaderden hem daarom en brachten hun angst onder woorden.

De koning zei hun: "Maak je geen zorgen, ik zal een waardige opvolger kiezen." De koning vroeg hun toen om een kermisterrein te bouwen vol prachtige stalletjes van allerlei soort, zo verlokkelijk en verleidelijk dat alleen de meest stabiele, onthechte en volhardende persoon het kon weerstaan. Er waren kraampjes met spelletjes, theaters, kunstmatige vijvers en parken, bakkerswinkels en andere plaatsen voor amusement en plezier. De koning liet toen een aankondiging doen dat hij voorbereidingen trof om een opvolger te kiezen. Wie de koning temidden van de kermis kon vinden, zou tot opvolger van de koning gekozen worden.

Er kwamen duizenden mensen en ze werden allemaal op een paar na, zo aangetrokken door het aanlokkelijke schouwspel, de muziek en het heerlijke voedsel dat ze het doel waarom ze daar waren helemaal vergaten en bezig waren zich te amuseren. Die paar die niet ten prooi vielen aan deze verleidingen, probeerden de koning te vinden maar na een tijdje vonden ook zij dat de noodzakelijke inspanning zo zwaar was, dat het beter was om hun tijd met de genoegens van de kermis door te brengen.

Vier dagen gingen voorbij en nog niemand had de koning gevonden. De vijfde dag kwam een stralende jongeman het kermisterrein op. Hoewel hij de kermis bewonderde, liet hij zich niet afleiden en verloor hij het doel niet uit het oog. Hij ging recht op de tempel af in het midden van het terrein. Hij ging de tempel binnen, maar vond de koning niet. Hij dacht dat als de koning dan al op het kermisterrein was, hij in de tempel zou zijn. Hij liep rond in de tempel, maar kon hem niet vinden. Toen keek hij aandachtiger en vond een kleine deur aan de zijkant van de tempel. Hij ging de gang in en liep die uit. Daar was een andere deur die hij opende. Plotseling scheen er een helder licht vanuit de binnenste kamer en daar in het midden van de kamer zat de koning, gezeten op een troon. De jongeman boog voor de monarch die daar glimlachend zat. Uiteindelijk was er een waardige troonopvolger gevonden.

Deze wereld met zijn vele attracties is de kermis en God is de koning. Hij heeft ons hierheen gezonden niet enkel om van de voorwerpen van de wereld te genieten maar om de Heer te vinden die zich daarin verbergt. Hoewel wij Zijn kinderen en de erfgenamen van Zijn koninkrijk zijn, kunnen we dat alleen verkrijgen als we Hem zoeken met vastberadenheid, geduld, en doorzettingsvermogen zonder dat we onze zintuigen ons van het doel laten afbrengen. We kunnen genieten van wat op onze weg komt zonder ons eraan te hechten en daardoor door de sluier van illusie heendringen, die God aan ons zicht onttrekt. Of men nu een monnik is of een gezinsleven leidt, de wereld en zijn afleidingen zijn er en moeten overwonnen worden als men wil slagen in het spirituele leven.

Het was ergens in april 1985 dat de bouw van een gastenverblijf en een tempel een absolute noodzaak werd. Reeds lang was er een ononderbroken stroom van bezoekers in de ashram. Omdat er voor hen geen onderdak was, ontruimden de brahmachari's hun hutten en sliepen buiten. Dit zou geen probleem geweest zijn als het slechts af en toe gebeurde, maar omdat het voortdurend zo was, was het storend voor hun spirituele oefeningen. Bovendien kon de kleine Bhava Darshan tempel niet aan alle toegewijden tegelijk plaats bieden. Amma wenste dat iedereen tijdens Devi Bhava (ze was toen al opgehouden met Krishna Bhava) bij haar kon zitten en dat kon alleen als de darshan in een reusachtige ruimte plaats zou vinden. Daarom werd er besloten dat er een gebouw moest komen met zowel kamers voor de bezoekers als een tempel voor de Bhava Darshan. Een welgestelde toegewijde kocht het land aan de voorkant van de bestaande ashram en op die plaats moest het gebouw verrijzen. Amma vroeg mij en een andere toegewijde die architect was, om onafhankelijk van elkaar een ruw ontwerp te tekenen.

Toen we na een paar weken samenkwamen, waren we verrast te ontdekken dat we beiden hetzelfde identieke ontwerp hadden. We kwamen tot de conclusie dat het Amma's plan was en dat wij slechts haar instrumenten waren. Nu was het probleem het geld: waar moesten we het kapitaal vandaan krijgen om zo'n groot gebouw te bouwen? De totale oppervlakte zou uiteindelijk neerkomen op 2700 vierkante meter. Amma zei ons dat we niemand om iets hoefden te vragen. Als God het gebouw wilde bouwen, zou Hij alles verschaffen wat daarvoor nodig was. Kort hierop schonken vier of vijf westerse toegewijden van Amma donaties, zodat het werk kon beginnen. Maar na een tijdje was het geld op. De twee huizen die ik in Tiruvannamalai had gebouwd, stonden daar leeg. Ik bood aan om ze te verkopen, maar Amma was niet geneigd om daarmee in te stemmen. Misschien testte ze me om te zien of ik enige gehechtheid aan mijn oude stekkie had, maar ik was al lang geleden opgehouden met denken over Tiruvannamalai en mijn leven daar, en ik had me helemaal toegewijd aan het dienen van Amma. Ik bleef bij haar aandringen om mij toe te staan om ze te verkopen en uiteindelijk stemde ze toe. Zo konden we op de een of andere manier door blijven gaan met bouwen.

Amma vond dat zijzelf, de ashrambewoners en de bezoekers mee moesten doen met het bouwen. Ze zei dat we door dat te doen een meer meedogende visie konden ontwikkelen op het lijden van degenen die een zwaar leven leiden. Zulk zwaar werk zou ook goed zijn voor onze gezondheid en we konden bovendien wat geld besparen. Omdat het voor een spiritueel doel was, zou dit werk ook *karma yoga* (onzelfzuchtige activiteit om God te behagen) zijn. Daarom begon Amma, samen met alle anderen, massa's aarde uit de bouwput te dragen. Daarna droeg iedereen stenen, zand, cement, bakstenen, hout en andere bouwmaterialen naar de bouwplaats en nam ook deel aan het betonstorten. Ik vraag me af hoeveel gerealiseerde heiligen in deze wereld een goed deel van hun tijd besteed hebben aan zulk zwaar werk om een voorbeeld voor anderen te stellen.

In deze tijd begon Amma ook uitgebreid door heel India te reizen op uitnodiging van haar vele toegewijden. Ze ging naar de belangrijkste steden in India: Bombay, New Delhi, Calcutta, Madras en ook naar vele kleinere steden en dorpen in Kerala zelf. Overal was de ontvangst overweldigend. Er kwamen vaak tienduizenden mensen naar haar toe. Amma zat soms zes of acht uur aaneen darshan te geven tot ze de laatste persoon gezien had. Dankzij deze frequente reizen begonnen toegewijden in de verschillende plaatsen die Amma bezocht, ashramfilialen op te zetten zodat Amma's programma's daar gehouden konden worden. Op andere tijden zouden deze een bron van troost worden voor hen die niet naar Vallickavu konden komen om Amma te zien.

Hoofdstuk 7

Naar het buitenland

Op een dag ontving ik een brief van Earl waarin hij schreef dat hij een paar jaar niet naar India kon komen omdat hij midden in zijn studie zat. Zou Amma erover na willen denken om in plaats daarvan naar Amerika te komen? Hij zei dat het geld dat hij uitgegeven zou hebben aan zijn vliegticket, gebruikt kon worden om een ticket te kopen voor Amma's reis naar de Verenigde Staten en terug. Ik ging met de brief naar Amma en las hem aan haar voor. Ze zei: "Zeg hem dat Amma zal komen. Jij organiseert alles." Op dat moment verbleven er slechts twee Amerikanen in de ashram. Ik was de ene en de andere was een jonge vrouw die hier een aantal maanden gewoond had. Ik dacht erover na en besloot dat ik na achttien jaar India niet voorbereid was om Amma's buitenlandse rondreis te organiseren. Ik vroeg daarom de jonge vrouw of ze bereid was het te proberen. Ze stemde ermee in en Amma keurde het ook goed. En binnen een paar dagen vertrok ze naar de Verenigde Staten. Nadat we het met Amma besproken hadden, besloten we dat Amma de terugreis naar India net zo goed door Europa kon afmaken, omdat ze toch de halve wereld zou afreizen. Deze vrouw ging naar Amerika en een aantal Europese landen. Ze nam met zoveel mogelijk mensen contact op, kreeg een gunstige reactie op Amma's voorgestelde bezoek en keerde terug naar India. Ze bracht verslag uit aan Amma en mij. Amma vroeg haar toen om opnieuw te gaan om alle voorbereidingen te treffen. Dat deed ze.

Er werd besloten dat Amma eerst naar Singapore zou gaan, dan naar San Francisco, Seattle, Santa Fe, Chicago, Madison,

Washington DC, Boston en New York. Vandaar zou ze naar Frankrijk, Oostenrijk, Duitsland en Zwitserland gaan en dan terugkeren naar India. De hele rondreis zou drie maanden duren. Ik vroeg Amma of de ashrambewoners in staat zouden zijn om haar langdurige afwezigheid te verdragen. Ze antwoordde dat Amma's afwezigheid hun de kans gaf om meer introspectieve spirituele oefeningen te doen en echt verlangen naar God te ontwikkelen, want leven met Amma was als een ononderbroken festival en men neigde er zelfs toe te vergeten dat het doel waarvoor men bij haar was, Godsrealisatie was. Men vraagt zich misschien af hoe zoiets mogelijk kon zijn, dat wil zeggen hoe men het echte doel van bij Amma zijn kon vergeten.

In oude tijden incarneerde de Heer in Noord India als Sri Krishna. Zijn levensgeschiedenis wordt verteld in het heilige geschrift de *Shrimad Bhagavatam*. Daarin wordt verklaard dat het doel van de incarnatie van de Heer was om de slechte mensen te vernietigen en de goeden te beschermen en inspireren. Om een voorwerp van devotie te worden voor de huidige en toekomstige generaties nam de Heer een zeer bekoorlijke persoonlijkheid aan, hoewel Hij in essentie voorbij alle vormen en eigenschappen is. Dit is één van de kenmerkende eigenschappen van de oude religie van India, want één van de grondbeginselen is dat het Hoogste Zijn met regelmatige tussenpozen incarneert steeds wanneer dharma in verval is. Wanneer Hij incarneert, veroorzaakt hij een vloedgolf van devotie en spiritualiteit die over de hele wereld uitstroomt. In het hart van de mensen zaait Hij een onweerstaanbare aantrekkingskracht voor Hem alleen, zodat zij moeiteloos naar Zijn Goddelijke Aanwezigheid getrokken worden en alleen daar willen verblijven. De gopi's, melkmeiden die in hetzelfde dorp als Krishna leefden, ervoeren deze geweldige aantrekking vanaf Zijn geboorte. Wat ze ook deden, ze konden alleen aan Krishna denken. Zelfs wanneer ze de straat opgingen om hun waren te verkopen, riepen ze uit: "Krishna! Keshava! Narayana!" in plaats van "Melk! Boter! Yoghurt te koop!" Vanaf het moment dat Krishna het dorp verliet om de koeien te laten grazen, totdat Hij 's avonds terugkwam, waren de gopi's in gedachten bij Hem. Zij deden geen meditatie of andere spirituele oefeningen, en toch bereikten zij de hoogste staat van identificatie met God. Hoe was dat mogelijk? De *Bhagavatam* zegt dat we God kunnen realiseren door voortdurend aan Hem te denken, wat onze houding tegenover Hem ook mag zijn. We kunnen van Hem houden als ons eigen kind, als onze man, als onze geliefde, als onze vriend, als onze bloedverwant. Of we kunnen Hem haten als onze aartsvijand of bang voor Hem zijn. Op al deze manieren kunnen we Hem realiseren door constante herinnering, want dat is het criterium voor Godsrealisatie. Constante herinnering is op zichzelf meditatie, want wat is meditatie anders dan de geconcentreerde herinnering van één ding met uitsluiting van al het andere. Natuurlijk wil men niet aan God denken door haat of angst omdat het pijnlijk is om de vijand van God te zijn. Om Realisatie te bereiken is het in feite niet voldoende om alleen een paar keer per dag te mediteren en God de rest van de tijd te vergeten. Constante herinnering op alle momenten is het fundamentele vereiste voor een succesrijk spiritueel leven. Daarom moet de gedachte aan God al onze dagelijkse activiteiten doordringen.

Leven met Amma is als leven met Krishna. De geest van haar toegewijden wordt onverklaarbaar naar haar toe getrokken. Men voelt een uniek geluk in haar aanwezigheid. Maar toch zegt Amma dat om dat gevoel altijd te handhaven spirituele oefeningen in de vorm van mantra japa, meditatie en zelfbeheersing nodig zijn. Terwijl men spontaan vredig en gelukkig kan zijn in Amma's aanwezigheid, denkt men er misschien niet aan hoe het in haar afwezigheid zal zijn. Daarom dacht Amma dat een scheiding van drie maanden goed zou zijn voor de spirituele groei van haar kinderen, hoe vervelend het ook mocht zijn. Kennelijk hadden zij een niveau van voldoende rijpheid bereikt om van zo'n gelegenheid te profiteren. Het is feitelijk de ervaring van veel toegewijden van Amma dat hun concentratie en devotie een grotere intensiteit hebben wanneer ze ver van haar weg zijn dan wanneer ze in haar fysieke aanwezigheid zijn. Scheiding is inderdaad een heel effectief middel om het verlangen te vergroten. In het leven van de gopi's bracht Krishna precies op deze manier hun realisatie tot stand.

Op een vollemaansnacht blies Heer Krishna op Zijn fluit als een signaal voor alle gopi's om naar het bos te rennen om hem te ontmoeten voor de beroemde *Rasa Lila* (dans van gelukzaligheid). Deze dans is symbolisch voor de goddelijke zaligheid die de ziel geniet in eenheid met God. De gopi's verlieten hun huis en gezin en renden naar het bos waar zij in gelukzaligheid dansten met hun geliefde Krishna. Nadat de gopi's de Heer ontmoet hadden, werden zij een beetje trots op hun goede geluk en op dat ogenblik verdween Krishna. Onmiddellijk werden zij gek van verlangen om Hem weer te zien en ze trokken door het bos rond in een waanzinnige zoektocht. Toen hun waanzin zijn hoogtepunt bereikte, verscheen de Heer weer in hun midden en kalmeerde hun ondraaglijke pijn. Ze vroegen Hem: "Sommigen beantwoorden alleen de liefde van degenen die van hen houden, terwijl anderen juist het omgekeerde doen: zij houden zelfs van degenen die niet van hen houden. Weer anderen houden van geen van beiden. Wees zo vriendelijk dit ons duidelijk uit te leggen, O Heer." Met andere woorden de gopi's beschuldigden de Heer van onverschilligheid jegens hen, ook al stroomden zij over van liefde voor Hem. Zij wilden weten waarom hij op zo'n harteloze manier gehandeld had.

Krishna antwoordde:

"Zij die voor wederzijds voordeel van elkaar houden, o vriendinnen, houden in werkelijkheid van hun eigen zelf en van niets anders, want hun inspanning en daden wordt alleen gemotiveerd door eigenbelang. Welwillendheid noch deugd spelen daar een rol, want zulke liefde heeft een zuiver egoïstisch motief en niets anders. Zij die echt zelfs van diegenen houden die op hun beurt niet van hen houden, zijn meedogend en liefdevol zoals ouders. Dat is smetteloze deugd en welwillendheid, o bekoorlijke meisjes. Sommigen houden zelfs niet van degenen die van hen houden en nog minder van degenen die niet van hen houden. Het zijn ofwel wijzen die in hun eigen Zelf vertoeven en geen waarneming van dualiteit hebben; of zij die hun ambitie gerealiseerd hebben en daarom vrij zijn van verlangen naar genot, hoewel zij zich bewust zijn van uitwendige objecten; of het zijn sufferds die niet in staat zijn om een goede dienst die hun bewezen is, te waarderen; of ondankbare mensen die vijandschap koesteren voor hun eigen weldoeners, hoewel ze zich van hun inspanningen bewust zijn. Wat Mij betreft, o vrienden, Ik val niet in een van deze categorieën, omdat Ik zelfs de liefde van hen die van Mij houden, niet zichtbaar beantwoord opdat zij altijd aan Mij denken op dezelfde manier als een arm iemand die een schat vindt en hem dan verliest, altijd alleen verdiept blijft in de gedachte aan die rijkdom en niet ontvankelijk is voor iets anders. Om zo jullie voortdurende devotie voor Mij zeker te stellen, o schoonheden, bleef ik voor jullie enige tijd uit het zicht, hoewel ik onzichtbaar van jullie houd en met grote vreugde naar jullie liefdesverklaringen luister, jullie die ter wille van Mij alle wereldlijke omgangsvormen en ook de geboden van de geschriften hebben genegeerd en jullie eigen mensen in de steek hebben gelaten. Daarom, o geliefden, moeten jullie geen aanmerkingen maken op

Mij, jullie lieveling. Ik kan mijn verplichting tegenover jullie nooit terugbetalen, die met Mij een relatie volkomen vrij van smet hebben en die je geest op Mij gericht hebben, waarbij jullie de ketenen die jullie aan je thuis bonden en die niet gemakkelijk verbroken kunnen worden, in stukken gesneden hebben."

Shrimad Bhagavatam X, 32, vers 16-22.

Aan deze woorden van de Heer kunnen we zien hoe de fysieke scheiding van een Goddelijk Wezen dient om ons te zuiveren en onze geest onomkeerbaar op God te richten. Toen Krishna Vrindavan, de plaats van Zijn jeugdjaren, verliet, vertelde Hij de bedroefde gopi's dat Hij spoedig terug zou komen, maar in feite kwam Hij nooit terug. Pas vele jaren later ontmoette Hij hen opnieuw in Kurukshetra, waar mensen uit heel India zich verzamelden tijdens een zonsverduistering. Tegen die tijd waren de gopi's zo vol van de gedachte aan Krishna en zo volkomen overgegeven aan Zijn wil, dat hun individualiteit was opgegaan in Zijn Wezen. Hun onstuimige verlangen en devotie hadden plaats gemaakt voor de volmaakte vrede van Eenheid. Dit is het uiteindelijke resultaat van devotie voor God. Wat gold voor Krishna en de gopi's, geldt voor iedere Goddelijke Ziel en zijn toegewijden. Om bovengenoemde redenen vond Amma dat een scheiding van drie maanden goed zou zijn voor haar kinderen, die haar constante gezelschap genoten hadden, sommigen van hen vele, vele jaren lang.

Er werd besloten dat enkelen van ons naar Amerika moesten gaan op een toer vooraf om Amma voor haar aankomst aan de mensen voor te stellen. Daarom vertrokken twee andere brahmachari's en ik ongeveer twee maanden voor Amma, op 22 maart 1987. We gingen naar Singapore. Nadat we daar drie dagen lang geweest waren om inleidende programma's te geven, gingen we verder naar San Francisco. Dit was de eerste keer dat de brahmachari's buiten India kwamen en het was een ongekende ervaring voor hen. Hoewel ik zelf een cultuurschok onderging, werd ik hun "guru voor het westen." Net zoals westerlingen een schok ondergaan wanneer ze naar India gaan, omdat ze tijd nodig hebben om zich aan te passen, voelen mensen die uit India komen hetzelfde wanneer ze naar het westen gaan. Hoewel India en het westen zich op dezelfde aarde bevinden, zijn het twee aparte werelden.

We verbleven allemaal in Oakland, in het huis van mijn broer, die toen voor een graad in rechten in Berkeley studeerde. Vergezeld van twee andere toegewijden reisden we in een ingedeukt oud Volkswagenbusje naar alle plaatsen die Amma zou bezoeken. In iedere plaats gaven we lezingen over Amma en zongen devotionele liederen. We waren verrast dat zoveel mensen begonnen te huilen toen ze over Amma hoorden of naar het zingen luisterden. Het leek erop dat Amma hier al veel kinderen had. We gingen tot aan New York en gingen toe terug naar San Francisco om Amma te ontvangen.

Toen wij terugwaren in het huis van mijn broer, belden we op naar Singapore om te achterhalen of Amma daar inderdaad was aangekomen, want het was voor ons in zekere zin ondenkbaar dat ze India zou verlaten, hoewel ze dat wel van plan was. Hoe zouden de ashrambewoners haar afwezigheid overleven? Wat moet zich hebben afgespeeld toen ze vertrok? Misschien had ze, toen ze hun verdriet zag, de reis geannuleerd. In dat geval zouden we beter naar India terug kunnen gaan. Dat waren op dat moment onze gedachten. Maar we werden van onze angst verlost toen Gayatri de telefoon opnam en ons vertelde dat iedereen veilig aangekomen was. Op dat moment pakte Amma de telefoon en schreeuwde: "Kinderen!" Wij vielen alledrie met de telefoon op de grond en de twee brahmachari's barstten in tranen uit. Na een ogenblik pakten zij de telefoon op en vroegen: "Amma, U komt hiernaartoe, nietwaar?" Amma stelde hen op hun gemak en na een tijdje gepraat te hebben nam ze afscheid. De brahmachari's waren bijna twee maanden bij Amma weg geweest en dit was een grote emotionele belasting voor hen geweest. Het horen van Amma's lieve stem deed hun hart overstromen.

Twee dagen later op 18 mei 1987 kwam Amma 's middags op de luchthaven van San Francisco aan waar een grote menigte zich verzameld had om haar te ontvangen. Amma was net een kind. Ze keek in het rond naar alles, zwaaide naar iedereen en gaf hartelijke omhelzingen aan iedereen die bij haar in de buurt kwam, zelfs aan degenen die helemaal niet gekomen waren om haar te zien. We reden samen in een gehuurd busje naar Earls huis en vertelden Amma alles wat er gebeurd was tijdens onze voorbereidende reis. Zij vertelde ons ook wat er in de ashram tijdens onze afwezigheid gebeurd was. Toen we in het huis waren, ging Amma onmiddellijk zitten om darshan te geven. We waren uiterst bezorgd omdat Amma net meer dan zestien uur in een vliegtuig gezeten had en beslist uitgeput moest zijn. Nu ging ze weer twee of drie uur zitten om haar westerse kinderen te ontvangen. Wij protesteerden, maar Amma wilde er niets van weten. Ze zei: "Deze kinderen hebben lang gewacht om mij te zien.

Wat doet het er toe als ik pas na een tijdje rust? Ik ben hier niet gekomen om er mijn gemak van te nemen, ik ben gekomen om de mensen te dienen."

Amma's darshans overdag en haar avondprogramma's werden goed bezocht. De darshan overdag werd in Earls huis gehouden terwijl de avondprogramma's in verschillende kerken en zalen in San Francisco, Berkeley en Oakland waren. Amma bracht ook een paar dagen door in Santa Cruz en Carmel. 's Avonds was er gewoonlijk een korte lezing, gevolgd door devotioneel zingen dat door Amma geleid werd, en dan darshan tot middernacht. De eerste Devi Bhava in het westen werd in Earls huis gehouden. Het was voor iedereen een aangrijpende ervaring. De westerse toegewijden wisten niet wat ze konden verwachten en wij ook niet! Earls huis zat helemaal vol en veel mensen stonden op straat. Iedereen werd in de kamer geperst die aan de Devi Bhava ruimte grensde en de mensen klommen letterlijk boven op elkaar om te zien wat er gebeurde. Het leek wel een gekkenhuis. De mensen hadden gehoord dat Amma in een soort trance zou gaan en niemand wilde dat missen. Voordat de darshan begon zong iedereen, of liever gezegd schreeuwde iedereen, de Goddelijke Naam.

Uiteindelijk gingen de deuren van de "tempel" open en het was zo stil dat je een speld kon horen vallen. De uitdrukking op het gezicht van de mensen kan niet beschreven worden. Zij namen Amma door hun ogen in zich op als mensen die stierven van de dorst. Nooit eerder hadden zij zo'n pracht en verhevenheid gezien alsof de Koningin van het Universum neergedaald was om de mensen te zegenen met een schitterend visioen. De gebrocheerde, zijden sari die zij droeg glinsterde terwijl zij vibreerde met goddelijke energie. De juwelen op haar kroon zonden lichtstralen uit als het opkomen van duizend zonnen. Eén voor één gingen de mensen in de rij staan om darshan te ontvangen bij de Godin die naar de aarde gekomen was, terwijl het zingen de atmosfeer vulde. De darshan ging tot drie of vier de volgende ochtend door. Toen ik naderhand de kamer schoonmaakte, zag ik dat veel muren van gelaagde rots, scheurtjes gekregen hadden door de druk van de mensenmenigte die binnen samengeperst was. We hadden geluk dat het gebouw niet ingestort was. Amma was zeker met een knal naar Amerika gekomen!

Tijdens de toer kookte Gayatri overdag voor ons allemaal het middageten en ze hield een deel ervan apart als avondeten omdat het altijd te laat was om te koken tegen de tijd dat wij van het avondprogramma terugkwamen. Toen wij nog in Earls huis verbleven, ontdekten enkele toegewijden, die aangetrokken werden door de lekkere geuren uit de keuken, hoe smakelijk Indiaas eten is en zij bedienden zich van ons avondeten. Toen we na middernacht terugkwamen, waren we zeer verrast dat iemand "ons maaltje gegeten" had. Om de situatie te redden ging ik naar de plaatselijke Safeway Supermarkt en kocht twee broden en wat jam, en we tastten allemaal toe. Toen we zaten te eten, kwam Amma binnen en vroeg waarom we brood aten in plaats van rijst. Ik legde haar uit wat er gebeurd was.

"Wat heeft dit brood en de jam gekost?" vroeg Amma.

"Ongeveer vier dollar," zei ik.

"Vier dollar! Dat is bijna vijftig roepie in India. Weet je hoeveel mensen te eten kunnen krijgen van vijftig roepie? Als je voor vier dollar rijst en groenten had gekocht en een half uur extra aan koken had besteed, had je ook nog iets voor morgen overgehad. Dat je in Amerika bent, betekent niet dat je op moet houden in roepies te rekenen."

Toen Amma een kind was, leed ze extreme armoede. Ze werd door haar familie als slaaf behandeld. Vaak had ze dagenlang niets te eten en ze kreeg kleren van de goedkoopste soort. Ze moest het stellen met wat voorhanden was en ze naaide en verstelde haar kapotte kleren telkens opnieuw. Zelfs nadat de ashram was ontstaan, bleef ze uiterst zuinig. Ze probeerde ons ervan te doordringen dat alles ons door God gegeven werd en daarom waardevol was en grote zorg verdiende. Ze was niet van plan haar principes te veranderen omdat ze naar het welvarende westen gekomen was, en ze zal dat ook nooit doen.

Er vonden veel verhelderende gesprekken plaats tijdens Amma's toer. Tijdens een satsang overdag vroeg iemand: "Amma, de geschriften zeggen dat ik het *Atman* (Zelf) ben. Als dat het

Moeders aankomst op het vliegveld in San Francisco in 1987

geval is, waarom moet ik dan bidden en andere voorbereidende zuiveringen doen in plaats van gewoon in die Realiteit te duiken?"

Amma antwoordde: "Kind, als dat voor jou mogelijk zou zijn, waarom stel je deze vraag dan? Ook al heb je gehoord dat je het Atman bent, je kunt niet zeggen dat je kunt ervaren dat je Dat bent, noch kun je alles als Dat zien. Alleen wanneer je de zaden plant en de planten teelt, zul je van de bloemen kunnen genieten.

Als je je vader in feite nooit gezien hebt, zul je niet tevreden zijn als je alleen zijn naam hoort. Je moet hem echt zien. Op dezelfde manier zul je, als je je moeder mist wanneer ze ergens ver weg is, alleen gelukkig zijn nadat je daarheen gegaan bent en haar ziet. Men verkrijgt alleen gelukzaligheid door de directe ervaring van het Atman, niet door de puur intellectuele kennis dat het bestaat. Op dit ogenblik hebben we alleen een intellectuele overtuiging dat Waarheid bestaat. Als een aap springt onze geest rusteloos van hot naar haar en met zo'n geest is het moeilijk om het Eeuwige te bereiken. Als een kat een hapje vis krijgt, zal hij geen rust hebben totdat hij de hele vis opgegeten heeft. Op dezelfde manier wordt onze geest oncontroleerbaar als de rusteloze aap of de hongerige kat, wanneer hij in aanraking komt met de wereld.

Hoewel we misschien weten dat de Hoogste Realiteit in ons is, handelen we nog steeds alsof we geluk kunnen vinden in de materiële wereld. Doordat we aangetrokken worden door de voorwerpen van de wereld, zijn we niet in staat om veel vooruitgang naar Realisatie te maken. Stel dat je een inktpot rechts op je bureau plaatst en hem tien dagen gebruikt. Zelfs als je hem op de elfde dag naar de linkerkant verplaatst, zal je hand automatisch naar de rechterkant gaan. Oude gewoonten trekken ons naar beneden en laten ons niet toe spiritueel vooruit te gaan.

Kinderen, om de geest te trainen om op te houden van het ene object naar het andere te rennen, moeten we nieuwe gewoonten aanleren zoals meditatie en mantra japa. Door dat te doen krijgen we concentratie. Zoals we een dam in een rivier aanleggen en het water door kanalen leiden om elektriciteit op te wekken, zo is het resultaat van spirituele oefeningen dat de verschillende zwerftochten van de geest naar één enkel punt geleid worden. Daardoor wordt de geest subtiel en krachtig. Zonder eerst deze toestand van concentratie te bereiken is Realisatie onmogelijk. Zelfs wanneer we onze verschillende activiteiten de hele dag door verrichten, moet japa doorgaan. Door voortdurende goede gedachten zal zuivering van het bloed, de geest en het intellect, geheugenkracht en algemene gezondheid ontstaan. Evenzo zullen slechte gedachten deze dingen vernietigen.

Op het ogenblik zijn we erg schemerig, als nachtlampjes, maar door sadhana kunnen we stralend worden, spiritueel stralend. Het simpelweg tekenen van een lamp zal ons geen licht geven. Enkel zeggen: "Ik ben het Atman," is niet hetzelfde als een directe ervaring ervan. Inspanning is noodzakelijk. De koelte van de wind, de stralen van de maan, de uitgestrektheid van de ruimte, dit is allemaal doordrongen van God. Deze Waarheid te kennen en te ervaren is het doel van het menselijke leven. Streef daarnaar."

Amma ging verder naar Seattle en keerde toen terug naar de Bay Area en bracht toen een paar dagen in Mount Shasta door. Toen we naar het noorden reden en de berg vanuit de auto zichtbaar werd, begon Amma er intens naar te staren. Ze wist niet dat deze berg die op dat ogenblik bedekt was met een unieke, paddestoelvormige wolk, Mount Shasta was. Amma bleef ernaar kijken en vroeg ons tenslotte of dat Mount Shasta was, waarop wij bevestigend antwoorden. Ze bleef ernaar staren totdat we de plaats van onze retraite op de helling van de heuvel bereikten. Het landschap was fascinerend door de met sneeuw bedekte berg achter ons, de met gras begroeide heuvels beneden en de slapende vulkaantoppen om ons heen. Waar wij verbleven was geen elektriciteit, maar we voelden het ongemak niet omdat we gelukkig waren in de natuurlijke omgeving. Nadat Amma haar intrek had genomen in haar nieuwe kamer, vroeg ze de plaatselijke organisatoren of de berg regelmatig aanbeden werd. Zij zeiden dat, voorzover zij wisten, de inheemse Indianen de berg aanbaden, maar dat de mensen het nu alleen als een heilige plaats beschouwden en een verblijfplaats van goddelijke wezens. Amma zei toen: "Onderweg hiernaartoe werd ik aangetrokken door het gezicht van de wolk over de berg. Om de een of andere reden kon ik mijn ogen er niet vanaf houden. Ik zag toen een levende aanwezigheid in de wolk, die leek op Heer Shiva met drie strepen heilige as op zijn voorhoofd. Ik dacht dat deze berg misschien sinds oude tijden aanbeden was als een vorm van God."

Met Amma op de grazige heuvels zitten verhoogde het mystieke effect van de atmosfeer. Dat bracht iedereen in een toestand van gelukzalige vrede. Op de laatste dag in deze pastorale omgeving wilden we Amma mee de berg op nemen om de sneeuw te zien omdat ze in India nooit sneeuw gezien had. Maar Amma bleef erop aandringen om tot het laatste moment darshan te geven en toen was er geen tijd meer om iets anders te doen dan terugkeren naar Oakland. Het is mijn ervaring dat steeds wanneer we proberen om Amma op een aardse manier gelukkig te maken, ze op de een of andere manier onze plannen dwarsboomt en de tijd voor zuiver spirituele doeleinden gebruikt. Want wat zou iemand die gevestigd is in de gelukzaligheid van Godsrealisatie, nog gelukkig kunnen maken? Per slot van rekening is het beetje geluk dat wij door de objecten van de zintuigen krijgen, niets anders dan een oneindig klein deel van de gelukzaligheid van God. De maan kan 's nachts mooi lijken en een onwetend kind zal denken dat het door zijn eigen licht schijnt. Totdat de zon van Zelfrealisatie opkomt, lijkt de maan van de geest zelfstandig te schijnen en de gelukzaligheid die de geest ervaart, lijkt een onafhankelijk bestaan te hebben. Amma probeerde ons hierdoor te leren om geen geluk buiten ons echte Zelf te zoeken. Als wijzen geen voorbeeld stellen voor de onwetenden, wie zal het dan wel doen?

Van Mount Shasta gingen we verder naar Santa Fe en Taos. In iedere plaats was het programma hetzelfde als in de Bay Area en Devi Bhava werd gehouden in het huis van de gastheer van iedere stad. Dit was de volgende jaren echter niet meer mogelijk omdat het aantal mensen steeds toenam. Uiteindelijk werden er hiervoor alleen grote zalen gebruikt. In de nacht van Amma's aankomst in Santa Fe kreeg ze zelfs geen ogenblik om te slapen. Ze vertelde ons dat ze de hele nacht doorbracht met het geven van darshan aan enkele grappig uitziende subtiele wezens die in de buurt woonden. Toen Amma gevraagd werd hoe ze er uit zagen, antwoordde ze dat ze de romp van een dier hadden en de benen van een mens. Ze zei dat ze nooit eerder zulke wezens gezien had. Door een vreemd toeval was er in een kamer van het huis waar we verbleven, een groot aantal beeldjes die precies aan Amma's omschrijving beantwoordden. Toen wij de eigenaar van het huis vroegen wat dat waren, zei hij dat dat beelden van goden waren, de *kachina's*, die aanbeden worden door de plaatselijke stammen van de inheemse Indianen. Hieruit begrepen we dat zulke wezens echt bestaan en gezien kunnen worden door hen die de ogen hebben om ze te zien. Klaarblijkelijk herkenden zij wie Amma was en zij verzamelden zich rond haar voor haar zegen.

Op een dag vond er tijdens de morgen-satsang een interessant gesprek plaats tussen Amma en een oprechte zoeker. Alle zoekers ervaren dat op een bepaald punt in hun sadhana hun geest van God of het doel van Zelfrealisatie wordt afgeleid door seksuele verlangens. Eén persoon vroeg Amma om haar advies in deze zaak en zei: "Amma, wat moeten we doen met lust?"

Amma antwoordde: "Kind, er is een natuurlijke aantrekking tussen mannen en vrouwen die in alle schepsels bestaat. Die subtiele aantrekking zal er zijn totdat men de Waarheid gerealiseerd heeft, ook al heeft men alle wereldse genoegens en genietingen opgegeven. In een man van honderd jaar kan men soms de lust van een zestienjarige zien. Omdat we deze vasana uit vorige levens geërfd hebben, is hij moeilijk te overwinnen. Zelfs dit lichaam van ons is een product van de lust van onze ouders. Je werd verwekt als gevolg van hun intense verlangen om hun lust te bevredigen. Daarom zal lust tot aan de Bevrijding als een obstakel blijven bestaan.

Maar wees niet bang. Zoek voortdurend je toevlucht tot Gods voeten. Bid oprecht en met je hele hart tot de Geliefde: 'Waar bent U? Laat mijn geest zijn tijd alstublieft niet aan zulke gedachten verspillen. Laat dezelfde energie die zo verspild wordt, voor het welzijn van de wereld gebruikt worden. O Geliefde, kom alstublieft en red mij.' Als we zo blijven bidden zullen we beetje bij beetje vooruitgaan.

De man vroeg: "Amma als het beheersen van onze seksuele verlangens zo moeilijk is, wat voor hoop is er dan voor ons die zo opgaan in de wereld?"

"Mijn kind, wanneer het sterke verlangen naar Godsrealisatie in je hart wortel schiet, is er geen ruimte meer voor wereldse verlangens. Wanneer een meisje een knappe en liefhebbende vriend krijgt, kan zij aan geen enkele andere man denken. Op dezelfde manier zal je geest, als hij eenmaal vervuld is van God, aan niets anders denken. Wanneer je koorts hebt, smaken zoete dingen bitter. Zo ook zal de smaak voor de wereld verdwijnen wanneer je brandt van verlangen naar God.

Denk niet: 'Hoe is het mogelijk om die toestand te bereiken? Ik kan Bevrijding nooit bereiken.' Door onze gebeden en sadhana, kunnen we het doel langzaam bereiken. Vergeet nooit dat het vergankelijke geluk van seks gehuld is in verdriet. Als er een gat in een slang zit, zal de waterdruk afnemen. Als een pot lekt, zal het water eruit lopen, hoeveel je er ook in giet. Op gelijke wijze zal de energie die door sadhana ontwikkeld wordt, niet gezien worden in hen die zich te buiten gaan aan overmatige seks. Wanneer water verhit wordt, wordt het krachtig genoeg om een stoommachine aan te drijven. Op dezelfde manier wordt de geest door zelfbeheersing gezuiverd en wordt hij krachtig genoeg om God te realiseren.

Mijn kind, door het cultiveren van een goed karakter, goede gedachten en door het gezelschap van heiligen en wijzen kunnen we driekwart van onze negatieve neigingen verwijderen. Maar pas nadat we Realisatie bereikt hebben, zullen alle negatieve neigingen vernietigd worden. Ga daarom verder naar het doel zonder bang of terneergeslagen te zijn, of veel te piekeren."

Van Santa Fe gingen we naar Madison, Chicago, en toen verder naar Boston, waar goed bezochte programma's waren in het Cambridge Zen Center, de Theosophical Society en de Harvard Divinity School. Nadat Amma de dagen die in New York gepland waren, afgesloten had, ging ze een paar dagen programma's houden op een retraiteplaats in Rhode Island. Toen we daar waren, kwam Ron, een neef van mij, Amma opzoeken. Hij was een welvarend zakenman en tegelijk een serieuze spirituele zoeker. Hij vroeg Amma's advies over zijn toekomst. Ze adviseerde hem om door te gaan met zijn werk in de wereld als een dienst aan zijn werknemers en te proberen om het celibaat in acht te nemen. Dit klonk hem heel verstandig in de oren en hij was heel blij met Amma's woorden. Een paar dagen daarna vertrokken we naar Europa.

De atmosfeer in Europa was duidelijk verschillend van die in Amerika. Het gevoel van traditie van de oude wereld was overal aanwezig. Dit was een aangenaam verschil met het moderne Amerika. Maar het bracht ook wat ongemak met zich mee. Door gebrek aan grote winkelcentra moesten we een hoop tijd besteden aan het zoeken naar zelfs de eenvoudigste levensbehoeften. Verder waren we steeds afhankelijk van vertalers omdat Engels de enige taal was die we kenden. De Europese toegewijden waren ook wat gereserveerder dan de Amerikaanse, hoewel in de toekomst het aantal mensen dat daar naar Amma kwam, veel groter zou worden dan in Amerika. Twee van de meest gedenkwaardige plaatsen die Amma bezocht waren een retraiteoord in een afgelegen dorp in Oostenrijk en een ashram in de Zwitserse Alpen. Hoewel het extreem koud was, soms vijf graden onder nul, zat Amma vaak buiten, terwijl ze alleen een katoenen sari droeg. Ze staarde naar de schilderachtige, groene heuvels terwijl ze voor de Goddelijke Moeder het lied *Shrishtiyum Niye* zong.

Schepping en Schepper zijt Gij,
Gij zijt Energie en Waarheid,
O Godin... O Godin... O Godin...

Schepper van de Kosmos zijt Gij,
En Gij zijt het begin en het einde.

De essentie van de individuele ziel zijt Gij,
En Gij zijt ook de vijf elementen.

Tijdens de Devi Bhava in Oostenrijk was ik geërgerd toen ik een man en een vrouw samen in de hal zo'n tien meter voor Amma zag liggen. De hele toer waren er dergelijke voorvallen. Het was niet ongebruikelijk om mensen elkaar te zien omarmen, kussen of masseren. Vaak waren mensen allesbehalve zedig gekleed en ze lachten of praatten erg luid in Amma's aanwezigheid. Dit alles creëerde een oneerbiedige en al te nonchalante atmosfeer. Omdat ik gewend was aan de spiritueel gecultiveerde manieren van het Oosten (waar de meeste mensen weten hoe zich te gedragen in tempels of in de aanwezigheid van een mahatma), stoorde dit mij. Maar Amma verbood mij om iemand er iets over te zeggen. Ze was per slot van rekening een nieuwkomer in hun midden. En ook was het hun fout niet, want hoe kun je mensen verwijten dat ze niet weten wat passend gedrag is in een situatie die ze nooit eerder hebben meegemaakt? Maar toen ik dit stel op de grond zag liggen, vroeg ik een toegewijde om hen te verzoeken overeind te komen en wat meer respect te tonen in Amma's heilige aanwezigheid. De toegewijde ging naar het stel toe, ging naast hen zitten en begon met een vraag te stellen: "Mag ik U iets vragen? Als de Koningin van Engeland daar op het podium zou zitten, zouden jullie hier dan zo liggen?" Het paar was zichtbaar verrast dat te horen en zei: "Natuurlijk niet." "Hoe kun je dan hier voor de Goddelijke Moeder liggen. Zij is de Koningin van het Universum." Onnodig te zeggen dat zij onmiddellijk opstonden.

Amma bracht ongeveer tien dagen door in de Zwitserse Alpen in een prachtige ashramomgeving, omgeven door bergen met door sneeuw bedekte toppen met schitterende uitzichten op smaragdgroene meren die half verscholen lagen in de dalen beneden de ashram. Er kwamen geweldige aantallen mensen uit heel Europa tijdens de retraite. Het was voor iedereen een gedenkwaardige gelegenheid. Tijdens één van de ochtenddarshans vroeg iemand Amma: "Amma, hoe kan ik de wereld helpen? Is mijn eigen sadhana op een enige manier nuttig voor de wereld?"

Amma antwoordde: "Iedere sadhana die je doet, zal de hele wereld ten goede komen. De vibraties van het reciteren van je mantra en meditatie zullen je eigen geest zuiveren, en ook de atmosfeer om je heen. Zonder het te weten verspreid je vrede en kalmte onder hen met wie je in contact komt. Als je bezorgd bent over het welzijn van de wereld, doe dan je sadhana oprecht. Word als de vuurtoren die de schepen leidt. Laat het licht van God in de wereld schijnen.

Soms komen mensen naar Amma en zeggen: 'Kijk, er was dat en dat regeringsschandaal. De aandelenmarkt is ingestort.'

Kinderen, niets in deze wereld is eeuwig. Wanneer we aan uiterlijke dingen gehecht zijn, zal het resultaat alleen verdriet zijn. Het
is verdriet dat ons naar God leidt. Het Kosmische Bewustzijn dat
we God noemen, doordringt de hele schepping. Maar een intel-
lectueel begrip hiervan geeft ons geen gemoedsrust. We moeten
dat door ervaring verkrijgen. Opgaan in Zuiver Bewustzijn, dat
is wat we nodig hebben.

Er is geen kortere weg naar God. We moeten onze sadhana
regelmatig en met devotie doen. Onze eigen inspanning zal ons
in staat stellen om de genade van God te ervaren die de hele tijd
over ons wordt uitgegoten. Daarom moet je iedere vrije tijd die je
hebt, gebruiken om God te zoeken. Als je in je eigen hart vrede
schept door je sadhana te doen, dan zal dat een positief effect
hebben op je gezin, je werk enzovoorts. Die vrede en liefde voor
God zullen uit je hart overstromen en anderen aanmoedigen om
op het juiste pad verder te gaan.

Je hoeft niet te preken. Leid je leven met Waarheid als richtlijn
en veel mensen zullen er baat bij vinden. Door je sadhana zul je
de eeuwige deugden in je karakter cultiveren. Onze beoefening
moet geduld, verdraagzaamheid, ruimdenkendheid, mededogen
en andere deugden in ons ontwikkelen. Anders heeft het geen
zin. Als we een uur zitten te mediteren en dan vijf minuten later
kwaad worden, gaat al het profijt van de meditatie verloren.
Mensen vinden baat bij iemand die in overeenstemming met de
waarheid leeft, niet bij iemand die alleen de Waarheid preekt.

Amma zegt niet veel omdat velen van jullie een hoop boeken
lezen en veel lezingen over spiritualiteit horen. Nu moeten jullie
ervaring krijgen. Maak je de Waarheid eigen. Dat is wat jullie
moeten doen."

Van Zwitserland vlogen we allemaal naar een heel klein eilandje
in de Arabische zee, Male genaamd. We dachten dat Amma na
de inspanning van de toer van drie maanden misschien een dag

rust nodig had voordat ze naar het hectische leven in India terug-keerde. We hadden gehoord dat Male een paradijselijke plaats was, en dat was het inderdaad. Maar je moest eerst door een hel heen om in dat paradijs te komen, want de immigratie- en dou-aneambtenaren stonden erop iedere koffer die we hadden open te maken, wat betekende dat we twee of drie uur in het geruzie en gekibbel van de luchthaven moesten zitten. Wat een plotselinge schok na de probleemloze formaliteiten van de westerse landen. Het was alsof je van de koelkast in een vuur geworpen werd. Toen we uiteindelijk uit de luchthaven waren, gingen we naar de bootsteiger en namen een veerboot naar één van de eilanden wat ongeveer één uur van het hoofdeiland was. Het was minder dan een halve hectare waarop een paar kamers gebouwd waren. Het geheel herinnerde aan een scène uit een avonturenfilm in de Stille Zuidzee. Behalve het hotelpersoneel waren wij de enige mensen daar. Het was inderdaad een klein paradijs met zijn witte zand en kristalheldere lagunen en helderrode, blauwe, groene en gele vissen die overal rondzwommen. Die avond zat Amma met ons allemaal onder een met sterren bezaaide hemel, verlicht door de volle maan. Er werden nieuwe bhajans gezongen die tijdens de toer gecomponeerd waren. Het was echt bijna hemel op aarde.

De volgende ochtend werd de zee erg ruw toen we aan boord gingen en naar het hoofdeiland teruggingen. Ik denk dat velen van ons zich begonnen voor te stellen dat we allemaal spoedig in de peilloze diepte zouden zinken. We bereikten uiteindelijk het eiland en waren "blij verrast" toen we ontdekten dat de douaneambtenaren al onze koffers nog één keer wilden openen alvorens afscheid te nemen. We waren erg opgelucht om dat helse paradijs te verlaten en waren erg blij toen we anderhalf uur later India bereikten. Er was een geweldige menigte in Trivandrum om Amma te ontvangen. Ze werd naar een auditorium in de stad geleid en men bood haar een officiële receptie aan. Toen maakte ze de reis van drie uur terug naar Vallickavu in de ashrambus samen met alle bewoners die er zoveel dagen naar gesmacht hadden om haar te zien. Zelfs de plaatselijke dorpelingen, die over het algemeen tegen Amma gekant waren sinds de eerste dagen van haar sadhana, waren blij haar te zien en hielden op zeer grootse wijze een receptie. Amma liet zich door de opwinding niet afleiden en liep na haar terugkomst onmiddellijk de hele ashram rond en onderzocht wat voor veranderingen er plaats gevonden hadden. Ze ruimde zelf de vuile plekken op. Iedereen was door het dolle heen dat ze terug was. Ze leken op dode lichamen die weer tot leven gekomen waren.

Later dat jaar nam Amma de uitnodiging van haar toegewijden in Réunion en Mauritius aan. Dit zijn twee kleine eilanden voor de oostkust van Afrika. Amma en een groep brahmachari's vertrokken naar die bestemming op 17 december 1987. Een leerling van Amma genaamd Prematma Chaitanya (nu Swami Premananda Puri) had voor haar een mooie, kleine ashram op Réunion gebouwd, waar een geweldige menigte haar ontving. Velen van hen huilden van vreugde toen ze haar zagen. Meer dan duizend mensen van alle religies woonden ieder programma van Amma bij, die in verschillende delen van het eiland gehouden werden. Dit waren momenten van prachtige religieuze harmonie. Het was misschien de eerste gelegenheid in de geschiedenis van de moskee in Réunion waarbij een niet-islamitische spirituele leider uitgenodigd en verwelkomd werd door de Sufimeester van die plaats. Deze Sufi had een mystieke ervaring toen hij Amma's ashram in Réunion eens bezocht. Toen hij voor de prachtige afbeelding van Amma in de meditatieruimte stond, had hij een visioen van Amma die uit de afbeelding stapte en in levende lijve voor hem stond, waarop hij onmiddellijk knielde. Toen hij naar buiten kwam, vertelde hij Premamrita: "Vandaag heb ik een echte Moeder gezien." Later vertelde hij de gemeenschap in de moskee:

"Het is uiterst zelden dat men een Gerealiseerde Ziel tegenkomt. En zelfs als dat gebeurt, dan is het nog moeilijker om zo iemand te herkennen, want ze maken zich niet gemakkelijk bekend. Een heilige als de profeet Mohammed komt ons eiland spoedig bezoeken. Als jullie het er allemaal mee eens zijn, kunnen we haar op het vliegveld ontvangen en haar uitnodigen om de moskee te bezoeken." Iedereen stemde daar blij mee in en dus vond die ontvangst plaats. Amma gaf iedereen daar darshan, waarbij vele mensen in tranen uitbarstten. Ze vonden het allemaal heel jammer haar te zien vertrekken want de oppervlakkige verschillen van kaste en geloof waren verdwenen in haar zuivere liefde.

Van Réunion ging Amma naar Mauritius waar ze uitgenodigd werd om de Gouverneur Generaal in zijn ambtswoning te bezoeken. Ze beantwoordde zijn vele vragen over spiritualiteit en onbaatzuchtige dienstverlening. Tijdens haar driedaags verblijf in Mauritius werd ze in veel ashrams en tempels op het eiland ontvangen. Ze keerde uiteindelijk in de eerste week van januari naar India terug.

Vele jaren geleden toen Amma net met Krishna Bhava begonnen was en er nog maar weinig toegewijden waren, vertelde ze haar vader op een Bhava-avond dat ze vele malen de wereld rond zou reizen en dat mensen uit allerlei landen haar in Vallickavu zouden komen opzoeken. Natuurlijk kon hij geen woord geloven van wat zij zei. Tot dan toe was Amma een dienstmeisje geweest. Ze had niets voor zichzelf en er leek ook geen toekomst voor haar. Wie kon zich toen voorstellen dat een onbekend dorpsmeisje duizenden mensen van alle rangen en standen zou troosten en opbeuren. Die eerste wereldreis bewees de waarheid van Amma's woorden. Haar kennis van de toekomst die eerder uit intuïtie dan uit redeneren voortkomt, is foutloos. Men moet zich door haar nederig uiterlijk niet laten misleiden. Echte heiligen hoeven niet te koop te lopen met hun alwetendheid. Zij kunnen alleen begrepen worden wanneer zij ons toestaan hen te begrijpen.

Hoofdstuk 8

Computer Lila

Kort na de wereldreis kwam mijn neef Ron voor twee weken naar de ashram. Het was voor hem een grote stap om van een leven met comfort naar de spartaanse atmosfeer van de ashram te komen. Maar hij werd in hoge mate beloond door de gemoedsrust die hij voelde. Op een dag liet ik hem de ashrambibliotheek zien en ik vroeg hem of hij een alfabetische lijst van alle boeken daar kon maken.

"Dit werk zou met een computer heel gemakkelijk zijn. Heb je er hier geen?" Ik vond Rons vraag heel vermakelijk. Het was alsof je een bedelaar vroeg of hij een Rolls Royce had. Wat zouden wij met een computer moeten doen? En waar moesten we het geld vandaan halen om er een te kopen? Ik vertelde hem dat we geen computer hadden en ik kon me ook niet voorstellen wat we ermee zouden doen zelfs als we er een hadden.

"Wel, je zou je bibliotheeklijst kunnen alfabetiseren op titel en auteur of op onderwerp, je zou de boekhouding kunnen doen, kantoorwerk of hem zelfs kunnen gebruiken om je Engelse boeken te publiceren," zei Ron. Hij bood toen aan om een computer voor de ashram te kopen en vroeg mij om Amma te vragen of ze het ermee eens was. Ik ging naar Amma toe en vertelde haar over ons gesprek. Ze vroeg mij: "Wat is een computer en wat kan hij doen?" Ik vertelde haar wat Ron gezegd had.

"Als het hem gelukkig maakt als hij ons een computer geeft, laat hem dat dan vooral doen, maar het geld zou beter besteed kunnen worden aan de constructie van het gebouw," antwoordde Amma. Ik ging toen naar Ron toe en vertelde hem de eerste helft van de zin, maar ik liet het gedeelte over de constructie van het gebouw weg, omdat ik vond dat ik zijn enthousiasme om de ashram een computer te schenken niet moest temperen. Ook was het idee om een computer in de ashram te hebben mij wel aan gaan staan, nadat ik er wat over gedacht had. Maar toen mijn eigen enthousiasme mij er toe bracht om Amma's woorden aan Ron in te korten, kon ik niet vermoeden dat de aanschaf van een computer het begin van een erg pijnlijke periode in mijn leven zou betekenen. Tot dan toe had ik techniek heel angstvallig vermeden omdat ik dacht dat het mij van het spirituele leven af zou leiden. Zelfs toen had ik niet de bedoeling om de computer zelf te leren gebruiken. Toen ik weer naar Amma ging om haar te vragen wanneer we naar een grote stad konden gaan om een computer te kopen, was zij niet erg gelukkig met de hele zaak en zei ons dat we konden gaan wanneer we wilden. Dit was haar manier om te zeggen: "Jullie gaan toch doen wat jullie graag willen, dus waarom vragen jullie het mij?" Het is uiterst gevaarlijk om met Amma in zo'n situatie te komen, want zoals ik eerder zei, zij functioneert op het niveau van intuïtie niet op het niveau van redeneren. Als je haar instructies onvoorwaardelijk opvolgt, zal je lijden veel minder zijn dan anders. Maar als je bewust doet wat je leuk vindt, tegen haar wensen in, kun je verwachten dat er eindeloze ellende volgt. Als je het devotionele pad van overgave aan Gods wil volgt, is gehoorzaamheid en overgave aan de wil van de guru een vereiste. Maar vaak vergeten we de wil van de guru of we slaan er geen acht op omdat we de neiging hebben om dat te doen wat het aangenaamst voor onze eigen geest is. Door deze neiging moest ik een bittere, maar nuttige les leren.

De volgende dag gingen Ron, twee andere brahmachari's en ik naar de grote stad Cochin op zoek naar een computer. Uiteindelijk vonden we er een die ons beviel en we bestelden er een, want er was behalve een demonstratiemodel niets in voorraad. Men vertelde ons dat er drie weken nodig waren voor de levering, maar tot dan toe zouden ze ons hun eigen computer lenen. Dus gingen we naar de ashram terug met onze nieuwe machine. Nu was de vraag wie er ging leren om de computer te gebruiken. Omdat er in mijn kamer een bureau was, zetten ze de computer in mijn kamer. Vervolgens ging iemand Amma vragen wie het moest leren. Zij stelde twee brahmachari's voor die enigszins vertrouwd waren met computerwetenschap voordat ze naar de ashram kwamen. Maar zij hadden erg weinig tijd voor dit werk en kwamen alleen 's avonds een of twee uur. Af en toe raadpleegden ze mij wanneer zij een probleem hadden, omdat ze dachten dat drie meer weten dan twee. Op dat moment kwam er een verraderlijk idee in mij op: "Waarom niet proberen om het een beetje te leren? Hij staat toch in mijn kamer. Als ik het een beetje kan leren, kan ik hen ook helpen." Deze gedachten kwamen in mij op.

Er is een verhaal over hoe de nabijheid van iets de sadhana van een yogi bedierf. Er was eens een heilige die zo streng was in zijn ascese dat Indra, de Heer van de goden, bang werd dat hij op een dag zijn troon in de hemel van hem af zou nemen. Indra dacht: "Ik moet een manier vinden om de boetedoening van deze heilige in de war te sturen en hem ervan te weerhouden om op te stijgen naar de hemelse werelden."

Indra kwam spoedig op een idee. Hij vermomde zich als jager en ging naar beneden naar de aarde met pijlen en een boog. Hij ging naar de ashram van de wijze. Hij boog diep voor de heilige en zei: "O sadhu, ik ben een jager en moet nu een lange tocht te voet maken. Ik zou u heel dankbaar zijn als u deze zware boog en pijlen hier zou willen houden totdat ik terugkom, omdat het een onnodige last voor mij is om ze te dragen."

"Een boog met pijlen?" riep de heilige uit. "Het spijt me, Heer, maar het zou voor mij heel pijnlijk zijn om deze dingen zelfs maar hier te zien, omdat ze gebruikt worden om dieren te doden."

"Swami, ik zal ze achter uw huis bewaren en U zult ze nooit zien. Dan zal het u niet storen en ik zal bevrijd zijn van een hoop moeilijkheden. Kunt u me op deze manier niet helpen?"

Omdat sadhu's meedogend zijn, gaf de heilige toe aan het verzoek van de jager en de boog en de pijlen werden achter de hut van de wijze achtergelaten. De jager nam toen afscheid en ging weg.

Zoals gebruikelijk liep de rishi na zijn meditatie rondom zijn huis. En dus zag hij de boog en de pijlen iedere dag. Tenslotte dacht hij op een dag: "Laat ik eens zien hoe deze pijl en boog werkt. Dat kan zeker geen kwaad." Hij pakte de boog op en plaatste er een pijl op. Hij was verbaasd hoe snel en ver de pijl vloog. Daarna kon hij de verleiding niet weerstaan om iedere dag een beetje meer met de pijl en boog te oefenen. Uiteindelijk genoot hij er zo van dat hij jager werd. Zo werd het voorwerp dat hij eerst zelfs niet wilde zien, een bron van groot vermaak voor hem en natuurlijk een geweldige belemmering voor zijn spirituele vooruitgang.

Omdat er niemand was om mij iets te leren en er geen studieboeken waren, begon ik te leren bij het begin en met vallen en opstaan. Zoals iedereen die een computer gebruikt heeft weet, kan het als er iets mis gaat, aan een miljoen dingen liggen. En er gingen veel dingen mis. Toen de andere twee brahmachari's mijn belangstelling om met een computer te leren omgaan zagen, kwamen zij niet meer. Ik vroeg hen waarom ze niet meer kwamen en ze antwoordden dat ze geen tijd hadden. In ieder geval ontstond nu het probleem dat er een hoop geld voor de computer was uitgegeven, waarbij ik één van de initiatiefnemers was, en er niemand wilde leren hoe hem te gebruiken. Wie viel deze onnodige aanschaf te verwijten? Ik kon me voorstellen dat Amma zei: "Heb ik je niet gewaarschuwd? Jij moet het altijd op de moeilijke manier leren." Ik raakte daarom in paniek en besloot dat, koste wat het kost, tenminste één persoon in de ashram de computer zou gaan bedienen en die persoon was ik uiteindelijk zelf. Maar dit was makkelijker gezegd dan gedaan. Ik bracht vele, vele slapeloze nachten door in gevecht met die duivelse machine. Bij veel gelegenheden zat ik bijna te huilen, zo frustrerend was deze beproeving, maar door intens gebed en volhouden verkreeg ik uiteindelijk een matige bekwaamheid. Daarna nam mijn werk verschrikkelijk toe.

Tot dan toe was ik verantwoordelijk geweest voor het dupliceren van de bhajantapes van de ashram. Alle bandrecorders waren in mijn kamer opgesteld, de een boven op de ander. Ik ging onafgebroken door met dupliceren, dag en nacht, want de vraag naar tapes was altijd groter dan de voorraad. Oorspronkelijk verkocht de ashram geen foto's van Amma of opnamen van haar bhajans. Steeds wanneer een toegewijde aanbood om wat foto's of banden te dupliceren, accepteerden we dat en deelden dan de items gratis uit aan wie er om vroeg. Maar toen de verzoeken te frequent en te veel werden, hadden we geen keus dan de tapes en foto's voor een minimale prijs te verkopen om aan de toegewijden te kunnen blijven leveren. Naarmate de jaren verstreken en het aantal toegewijden dat naar de ashram kwam steeds toenam, nam de vraag naar tapes ook toe. Omdat ik geen zwaar fysiek werk kon doen door mijn lastige rug, kreeg ik de taak om de tapes te kopiëren. Het was een routine die dag en nacht doorging, vierentwintig uur per dag. 's Avonds stopte ik de tapes erin, zette de apparaten aan, ging liggen, dutte in en wanneer ik de klik van de bandrecorders hoorde, stond ik op, draaide de tapes om en ging weer een half uur slapen tot de volgende klik. Dit ging een aantal jaren zo door.

Mijn andere werk was om 's nachts water omhoog te pompen naar het reservoir boven. Alleen 's nachts kwam er water uit de gemeentelijke waterleiding. Omdat de waterdruk uiterst laag was, hadden we een waterreservoir onder de grond gebouwd om met behulp van de zwaartekracht de maximale hoeveelheid water te krijgen. Gewoonlijk was de druk zo laag dat het water nauwelijks dertig centimeter boven de grond gedrukt werd. Daarom moest ik het water regelmatig naar het bovenste reservoir pompen, zodat de ontvangende tank weer vol kon lopen. Dit werk betekende dat ik, naast ieder half uur opstaan voor de tapes, iedere twee uur een heel uur op moest blijven om het water omhoog te pompen. Nu kwam het computerwerk ook op mijn schouders terecht.

Hoewel het computerbedrijf beloofd had om onze computer binnen drie weken te leveren, gingen de dagen en weken voorbij zonder dat we iets ontvingen. Nadat er uiteindelijk zes maanden voorbij gegaan waren, begon de computer langzaam, onderdeel voor onderdeel, te komen. Tenslotte was de hele computer er, maar dit was niet het einde van onze moeilijkheden. Net zoals de onderdelen week na week waren gekomen, gingen de onderdelen met dezelfde snelheid kapot, totdat ieder afzonderlijk deel vervangen moest worden. Als alles eenmaal weer werkte, herhaalde de cyclus zich opnieuw waarbij de computer deel voor deel kapot bleef gaan. De maatschappij vertelde me dat ze zoiets nooit meegemaakt hadden. Ze zeiden dat ze een uitstekende staat van dienst hadden, en ze konden niet begrijpen wat er in onze ashram gebeurde wat zowel hun als ons zo'n hoofdpijn bezorgde. Ik aarzelde hun te vertellen wat volgens mij de waarheid was: dat Amma's zegen niet op deze computer rustte. Soms dacht ik zelfs dat zij de hele onderneming misschien vervloekt had.

Toen een van de computertechnici op een dag wat reparatie-werkzaamheden kwam verrichten, uitte hij de wens om Amma's darshan te ontvangen. Nadat hij voor Amma gebogen had, stond hij op en zei zij tegen hem: "Nealu denkt dat ik die computer vervloekt heb. Maar ik vervloek nooit iemand of iets. Waarom zou ik? Zij zijn er heel goed in om zichzelf te vervloeken." Daarna verminderde de intensiteit van onze computerproblemen, maar zij hielden nooit helemaal op.

Toen onze computer het eenmaal redelijk deed, was er zoveel vraag naar, dat er behoefte aan een tweede computer ontstond. Ik ging aarzelend naar Amma toe en legde uit dat het niet vanwege een persoonlijk idee van mij was, maar dat al het ashramwerk niet langer op slechts één computer gedaan kon worden. Ze stemde ermee in dat ik naar Cochin ging om een tweede computer te kopen. Toen ik de volgende morgen naar haar kamer ging om haar te zeggen dat ik ging, vroeg ze mij: "Waarheen?" Ik herinnerde haar eraan dat ze erin toegestemd had dat ik naar Cochin ging om een computer te kopen, maar ze beweerde dat ze zich daarvan niets herinnerde. De volgende zes maanden herhaalde deze scène zich vier keer totdat ik uiteindelijk besloot dat ik het onderwerp niet meer ter sprake zou brengen. Per slot van rekening was ik naar de ashram gekomen om God te realiseren, niet om de tijd door te brengen met het piekeren over dit problematische apparaat. Ik besloot op dat moment dat ik niets meer met de computer te maken had, een besluit dat ik in de toekomst duizend keer zou nemen en herzien. Het werd mij geleidelijk duidelijk dat Amma besloten had dat ik de eerste persoon in de geschiedenis zou zijn die God zou realiseren achter een computer. In de dagen van weleer zaten spirituele zoekers in grotten en mediteerden totdat hun ego zo verzwakt werd dat Gods Licht begon te schijnen. Misschien verkrijgen monniken in de huidige tijd dezelfde graad van zuiverheid van geest door achter een toetsenbord te worstelen.

De guru geeft ons vele kansen om onze "lijst van goed gedrag" op het gebied van overgave en gehoorzaamheid te verbeteren. Niet veel later kreeg ik een kans. Op een dag ontdekte ik een klein zweertje op een van mijn vingers. Nadat ik er een beetje aan gekrabd had, raakte het ontstoken. De wond werd alsmaar groter totdat de halve vinger pus afscheidde en brandde. Ik probeerde het met verschillende soorten zalf en antibiotica te behandelen, maar zonder resultaat. Tenslotte besloot ik na tien dagen lijden dat ik het misschien aan Amma moest laten zien en haar advies moest vragen omdat de medische wetenschap mij niet kon helpen. Tegelijkertijd aarzelde ik een beetje om Amma zo'n wereldse vraag te stellen, dus kwam ik op een idee. Ik wikkelde een doekje om mijn vinger en maakte een verband dat zo groot was als een tennisbal. Ik ging naar haar kamer en na voor haar gebogen te hebben ging ik zitten. Ze merkte natuurlijk mijn hand op en vroeg, zoals ik gehoopt had, wat er aan de hand was. Plechtig pakte ik de wond uit. Ze wierp er een blik op en zei: "Waarom doe je er niet wat geelwortelpoeder op?" "Geelwortelpoeder," dacht ik, "wat kan geelwortelpoeder doen dat de atoombommen van de moderne geneeskunde niet zouden kunnen doen?"

Maar het volgende ogenblik herinnerde ik mij dat Amma's woorden niet licht opgevat moeten worden. Dus ging ik de kamer uit en ging direct naar de ashramkeuken. Nadat ik enige tijd gezocht had, vond ik uiteindelijk een plastic zak met geelwortelpoeder dat duidelijk gebruikt was om mee te koken. Eerst dacht ik: "Mensen hebben hier misschien hun vuile handen in gestoken en het is niet schoon genoeg om op de wond te doen." Maar toen realiseerde ik me dat de verwezenlijking van Amma's wil niet van netheid afhankelijk is. Ik wreef wat geelwortel op de wond en voelde onmiddellijk dat het brandende gevoel minder werd en binnen een week was de wond volledig genezen. Toen ik dit zag, dacht ik dat ik een nieuw wondergeneesmiddel ontdekt had. Omdat ik ook in de medische apotheek hielp en wonden verzorgde, bracht ik geelwortelpoeder aan op de volgende wond die ik behandelde, en deed er een verband om. Tot mijn verbazing kwam de patiënt twee dagen later terug met een prachtige infectie, diezelfs erger was dan tevoren. Blijkbaar was het niet de geelwortel die mij genezen had, maar Amma's almachtige wil.

Hoofdstuk 9

Brahmasthanam: Verblijf van het Absolute

Niet lang nadat Amma uit het buitenland was teruggekeerd, besloot ze om een uniek soort tempel te bouwen en in te wijden in een dorp dat Kodungallur heette, ongeveer vier uur ten noorden van de ashram. Deze tempel wordt Brahmasthanam (Verblijf van het Absolute) genoemd en heeft vier deuren die naar de vier windrichtingen wijzen. Het geïnstalleerde beeld is samengesteld, gebeeldhouwd uit één enkele steen en bevat vier verschillende godheden, één aan iedere kant. Zij zijn Heer Shiva, Devi, Heer Ganesh (de Verwijderaar van hindernissen) en Rahu, die in de vorm van een slang een van de planeten voorstelt die het menselijke lot beïnvloeden. (In de westerse astrologie is Rahu de noordelijke maanknoop.) De Brahmasthanam zoals Amma die ziet, dient als een onfeilbare toevlucht voor de velen die verwikkeld zijn in de maalstroom van schadelijke invloeden van de planeten. Het idee van zo'n tempel kwam bij Amma op toen zij de oorzaak van het lijden onderzocht van de miljoenen die naar haar toegekomen zijn om verlichting van hun vele onverklaarbare tegenslagen te zoeken. Amma denkt dat de positie en de beweging van de planeten en andere hemellichamen een directe of indirecte invloed op het menselijke leven hebben. De schadelijke invloeden worden over het algemeen veroorzaakt door de positie en de beweging van de planeten Saturnus en Mars en de schaduwplaneet Rahu. Ze besloot dat er een effectieve manier moest zijn om de slechte invloeden te boven te komen. Daarom inaugureerde ze een puja in deze tempel om de schadelijke effecten van deze planeten en hun transitieperioden op te heffen.

Daadwerkelijke deelname aan het uitvoeren van deze puja in de Brahmasthanam-tempel verzekert snelle, positieve resultaten voor hen die lijden. Aanbidding die ernstig en met de juiste instelling gedaan wordt, kan nooit zonder resultaat blijven. Van de puja's die in Amma's Brahmasthanam-tempels worden verricht, is sinds hun begin in Kodungallur bekend dat zij resulteren in het zuiveren van de atmosfeer. Een tweede tempel werd opgericht in Amma's ashram in Madras. In mei 1990 resulteerde het ritueel van zeven dagen waaraan meer dan duizend mensen deelnamen, in de hoognodige regen om de droogte in het gebied rond Madras te verlichten. Voor de zuivering van de geest en voor de groei van spirituele eigenschappen in iemands leven is het niet genoeg om eenvoudig naar een tempel of kerk te gaan, te buigen en naar huis terug te keren. Het is nodig om een vorm van spirituele oefening te doen en de Heer in je hart te laten wonen met devotie die gebaseerd is op spirituele principes. Om de mensen naar dat doel te leiden heeft Amma de Brahmasthanam-tempel ontwikkeld en zijn manier van verering.

In de oude tijden waren het de Grote Meesters die de beelden installeerden. Amma zegt: "De installatie van heilige beelden moet niet gedaan worden door hen die niet in staat zijn om hun eigen levenskracht in balans te houden. Het moet gedaan worden door diegenen die *prana shakti* (levenskracht) in het beeld kunnen laten stromen en hierdoor een levendige aanwezigheid (*chaitanya*) erin kunnen aanbrengen. Alleen als dit door zulke heiligen wordt gedaan zal de chaitanya in het beeld groeien en toenemen wanneer de puja regelmatig wordt gedaan."

Als men de geschiedenis van de oude tempels zou bestuderen, zou men de perfecte waarheid van Amma's beweringen vinden. Beroemde tempels als Tirupati Venkatesvara en Guruvayur

Krishna zijn voorbeelden van tempels die door oude heiligen zijn ingewijd. Zij trekken ieder jaar miljoenen toegewijden. De beelden die door hen zijn geïnstalleerd, zijn feitelijk reflecties van de schittering van de Allerhoogste, hoewel ze er van buiten als steen uitzien. Zulke beelden zijn vol goddelijke kracht en kunnen de gunsten verlenen waar de toegewijden naar zoeken. Er zijn veel van dergelijke beelden in India.

Sommige mensen vragen zich misschien af waarom tempels en beelden van godheden nodig zijn omdat het doel van Zelfrealisatie is om het Absolute te ervaren, waarin geen dualiteit bestaat. Hierover zegt Amma: "Zij die de toestand van de Realisatie van Eenheid bereikt hebben, kunnen zeggen dat niemand geboren wordt en niemand sterft, want zij hebben geen lichaamsbewustzijn. *Zij* worden inderdaad niet geboren en sterven niet. Maar hebben alle mensen deze toestand van non-dualiteit bereikt? Hebben de meeste andere mensen niet een lichaamsbewustzijn? Voor het grootste deel is hun geest zwak, omdat zij alleen in wereldse dingen verdiept zijn. Zij missen de kennis van hun aangeboren Perfectie en worden daarom beïnvloed door wereldse activiteiten en falen. Als je zulke mensen op een Advaita-manier advies geeft, is het voor hen moeilijk om dat plotseling met hun dagelijks leven in verband te brengen en vooruit te gaan. We kunnen hun adviseren: 'Je bent niet het lichaam,' maar zij die in de wereld leven kennen daar de moeilijkheden van. Dus zelfs als je ze vertelt: 'Je bent niet het lichaam, de geest of het intellect,' is het niet hun ervaring. Hoewel ze misschien weten dat het een feit is, zijn zij verdiept in de wereld en kunnen zij zich niet plotseling transformeren en het in hun dagelijkse leven ervaren. *Advaita* (non dualiteit) is de Waarheid, maar dat advies moet niet plotseling gegeven worden. Het is niet juist om een kind dat om een verwonde hand huilt, te zeggen: 'Huil maar niet. Het is alleen het lichaam en jij bent niet het lichaam.' Het kind zal nog steeds van de pijn huilen. Zo is de toestand van hen die in de wereld leven. Zij worden beïnvloed door conjuncties van de planeten en zullen lijden moeten ondergaan in overeenstemming met hun vruchtdragende slechte karma.

Amma heeft minstens tien miljoen mensen gezien. Zelfs zij die schepen en vliegtuigen bezitten, hebben verhalen over verdriet en komen als toegewijde op zoek naar vrede. Amma weet alles over het lijden dat zij ondergaan als gevolg van de boosaardige conjuncties van de planeten. Deze tempels zijn gebouwd om verlichting aan dergelijke mensen te geven.

Hoeveel mensen zijn er vandaag de dag in het land die ver-trouwen in God hebben? Echte devotie aan tempels vinden we niet. Velen proberen de tempels zelfs af te breken! Niettemin kan er een transformatie tot stand gebracht worden als de principes van aanbidding in een tempel overtuigend aan hen worden uitgelegd. Als we hen met goede argumenten benaderen, kunnen we ook in zulke mensen devotie laten groeien. Hiervoor heeft Amma deze tempels gebouwd.

De aard van het beeld dat in Kodungallur geïnstalleerd is, is: 'Eenheid in verscheidenheid en verscheidenheid in eenheid.' Worden verschillende materialen niet één als as wanneer zij in het vuur geofferd worden en verbranden? Op dezelfde manier wordt verscheidenheid in het Vuur van Kennis teruggebracht tot Een-heid. We moeten eenheid zien in de verschillende gezichten. De Goddelijke Kracht die in allen vertoeft, is slechts Eén. Wanneer we naar iemand met ogen, neus, armen en benen kijken, zien we hem niet als die verschillende organen maar als één enkele menselijke vorm die uit al deze delen bestaat. Op dezelfde manier moet men, hoewel ieder lichaam een aparte eenheid is, de identiteit van het Ene Zelf dat alles aandrijft, zien. Dat is de idee hier.

Door op één enkele schakelaar te drukken, kunnen we zoveel lampen aandoen als we willen. Hier in de Brahmasthanam zijn er vier 'lichten' verbonden met één 'schakelaar'. Dat is alles. Door één enkel besluit van Amma is de levensenergie in de vier godheden ingeblazen. Wat 'energie' genoemd wordt, is slechts één. Waarom zouden de vier op vier verschillende plaatsen geïnstalleerd moeten worden? Dus zijn ze alle vier in één enkele steen geplaatst. Ook moet je in aanmerking nemen dat het installeren van deze godheden op verschillende plaatsen zoveel meer ruimte zou vereisen. Is het concept niet belangrijker dan de vraag hoe en waar de installatie verricht is?

Kinderen, God bevindt zich niet in steen. Is hij niet in ons eigen hart? Om het vuil van je gezicht te verwijderen kijk je in een spiegel. Wij zijn niet zelf in de spiegel. God is overal maar om de menselijke geest te zuiveren en het vuil daaruit te verwijderen, hebben we een hulpmiddel nodig. We moeten een voorstelling in onze geest vormen. Dit is het doel van het heilige beeld. Sommige mensen aanbidden een berg als God. Wat belangrijk is, is ieders voorstelling of houding. Op dezelfde manier is deze tempel en het beeld dat daarin geïnstalleerd is, Amma's voorstelling. Het is hoofdzakelijk Shiva-Shakti. In de oude tijden waren er geen tempels. Alleen je hart was de tempel. Hoe lang geleden zijn tempels ontstaan? Niet erg lang geleden. Om de mensen verder te leiden in overeenstemming met hun aard hebben de mahatma's verschillende goddelijke vormen geïnstalleerd in verschillende tijden.

De aard van Heer Shiva is de toestand van het Absolute. Alleen het Absolute (Brahman) heeft het vermogen om alle onzuiverheden te verwijderen. Alleen Heer Shiva aanvaardt en slikt in Zijn eentje de kwade gevolgen van de verdorven handelingen van alle wezens. Heer Shiva is het filter dat het slechte karma zowel van de mensen als van de goden in zich opneemt. De aard van de Heer is om de onzuiverheden van de mensheid te accepteren en hen daardoor te zuiveren. Hij blijft onaangedaan hoeveel onzuiverheid Hij ook absorbeert. Hijzelf kan de wereld redden. Heer

Ganesha is degene die obstakels of hindernissen verwijdert. Door de obstakels te verwijderen ontwaakt Devi, de Goddelijke Energie (*kundalini shakti*) die aan de basis van de ruggengraat sluimert (*muladhara shakti*), en komt in de vorm van een slang omhoog en gaat naar boven totdat zij Shiva (de vormloze toestand van het Absolute) bereikt. Dit is het principe achter de Brahmasthanam. Amma's doel is niet alleen om mensen aan de verering van een beeld te binden. Ze wil hun Realisatie."

Hoofdstuk 10

Het testen van vertrouwen

Amma's tweede wereldtoer begon in mei 1988. Omdat veel mensen Amma's Goddelijke Liefde het jaar ervoor ervaren hadden of erover gehoord hadden, kwamen er veel meer mensen om haar te zien. In iedere plaats waren de zalen boordevol. In Singapore boog een dame voor Amma en toen ze opstond vroeg Amma haar: "Waarom ben je de volgende dag niet teruggekomen?" De dame had een geschrokken uitdrukking op haar gezicht en was daarna dolblij. Ze vertelde ons later dat toen ze het vorige jaar naar Amma gekomen was, Amma haar gevraagd had om de volgende dag terug te komen, maar door dwingende omstandigheden kon ze dit niet. Dit was de betekenis van Amma's vraag. De dame was geschokt dat Amma die sindsdien honderdduizenden mensen gezien moest hebben, zich zo'n onbelangrijk detail kon herinneren. Dit overtuigde haar van Amma's goddelijkheid.

Het zou niet misplaatst zijn om hier iets over siddhi's of mystieke krachten te vermelden. Rondom Amma vinden er veel wonderen plaats. Ook toont ze een duidelijke en onfeilbare alwetendheid. Hoewel ze pretendeert niets te weten, is het haar toegewijden duidelijk dat dit slechts een voorwendsel is. Duizenden mensen hebben haar alwetendheid ervaren! En duizenden anderen hebben haar reddende genade ervaren die hen uit hun onoplosbare problemen trok! Amma pronkt niet met haar krachten. Daar is ze veel te subtiel voor. Maar toch ontkent ze niet dat mahatma's zaken die ons wonderlijk lijken, kunnen verrichten en het ook doen. Toen haar gevraagd werd over de aard van wonderen en spirituele vermogens, antwoordde ze:

"Wonderen worden gewoonlijk toegeschreven aan godmensen. Er is een algemene opvatting dat wonderen alleen door een goddelijk wezen verricht kunnen worden en dat wonderen een essentieel onderdeel van zo iemand vormen. Mensen geloven zelfs dat als iemand geen wonderen verricht, hij of zij geen mahatma kan zijn, hoewel hij in feite gerealiseerd kan zijn. Maar de waarheid is dat wat naar ons idee een wonder vormt, wel of niet kan gebeuren in de aanwezigheid van hen die werkelijk groot zijn, omdat zij er echt niet veel om geven. Zij hebben niets te winnen of te verliezen met het verrichten van wonderen. Zij geven niet om naam of faam. Ook willen zij niemand behagen of ergeren. Als het gebeurt is dat prima, en als het niet gebeurt is het ook prima. In de moderne tijd hangt het geloof van de mensen in God echter af van de wonderen die een gerealiseerde meester of godmens verricht. Er zijn helaas ook zogenaamde gurus die de mensen uitbuiten doordat zij wonderen lijken te verrichten.

Absolute beheersing over de geest is hetzelfde als beheersing over het universum. Alles in de schepping is gemaakt uit de vijf elementen: vuur, water, aarde, lucht en ruimte. Als je eenmaal Godsrealisatie bereikt, zijn al deze vijf elementen onder je controle. Ze worden je gehoorzame dienaren. Als je wilt dat iets in een berg verandert, zal het dat doen. Of als je een andere wereld wil creëren kan dat ook. Maar om dit te laten gebeuren hoef je feitelijk niet het uiteindelijke doel van Realisatie te bereiken. Je kunt deze vaardigheid zelfs daarvóór al verwerven.

Iemand kan wonderbaarlijke krachten bezitten, maar zolang hij in de greep van het ego en het gevoel van 'ik' en 'mijn' is, zijn deze krachten nutteloos, omdat zijn fundamentele aard onveranderd blijft en hijzelf niemand kan veranderen of transformeren. Zo'n persoon kan niemand op de weg naar goddelijkheid leiden. Iemand die zijn krachten misbruikt, kan alleen kapotmaken en de samenleving schade toebrengen. Door zijn krachten tegen de natuurwet te gebruiken plaveit hij onvermijdelijk de weg naar zijn eigen ondergang.

In feite verstoort men door het verrichten van wonderen de natuurwetten. Natuurlijk is een gerealiseerde ziel vrij om dat te doen, omdat hij één is met de kosmische energie. Maar hij doet het alleen als het absoluut noodzakelijk is. Hij zou er de voorkeur aan geven om er zoveel mogelijk van af te zien.

De regering stelt met de hulp van bestuurskundigen de grondwet van een land op. Zij moeten zich houden aan de regels en bepalingen die ze zelf hebben gecreëerd. Op dezelfde manier zijn de echte meesters degenen die de natuurwetten hebben opgesteld, maar om een voorbeeld te stellen moeten zij zich aan de regels houden zonder ze te overtreden of te verstoren.

Spiritualiteit is niet bedoeld om het ego te voeden. Spiritualiteit verwijdert het ego. Het leert je om voorbij het ego te gaan. Iedereen kan occulte krachten ontwikkelen door bepaalde oefeningen te verrichten die door de geschriften voorgeschreven worden. Maar echte spirituele realisatie is iets dat veel verder gaat dan zulke dingen. Het is de staat waarin je volledig vrij wordt van iedere binding, van de binding van lichaam, geest en intellect. Het is de innerlijke ervaring van de Hoogste Waarheid. Als dat einddoel eenmaal bereikt is, kan men geen negatieve gevoelens koesteren zoals kwaadheid, haat of wraakzucht. In die toestand verblijf je in de hoogste vrede en goddelijke liefde onafhankelijk van tijd en plaats. En waar je ook bent, straal je diezelfde vrede en liefde uit. De goddelijke liefde, compassie en vrede die je uitstraalt, zal de geest van mensen transformeren. Zo'n mens kan stervelingen in onsterfelijken veranderen, de onwetenden in wijzen en de mens in God. Dat is het echte wonder dat in de aanwezigheid van een mahatma plaatsvindt.

In de aanwezigheid van een mahatma kunnen wonderen spontaan gebeuren. Het is gewoon een integrale uitdrukking van zijn bestaan. Louter door de blik van een meester of door zijn wens wordt alles getransformeerd in wat hij maar wil. Maar men moet de juiste houding en het juiste inzicht hebben om de echte wonderen te zien die rondom een meester gebeuren.

Iemand die één geworden is met het Allerhoogste Bewustzijn is ook één met de hele schepping. Hij is niet langer enkel het lichaam. Hij is de ene levenskracht die in alles in de schepping schijnt. Hij is het Bewustzijn dat zijn schoonheid en vitaliteit aan alles geeft. Hij is het Zelf dat overal innerlijk aanwezig is.

Er is een verhaal over de grote wijze Vedavyasa en zijn zoon Suka. Zelfs als jongen was Suka onthecht van de wereld. Vedavyasa wilde dat zijn zoon trouwde en een normaal gezinsleven leidde. Maar Suka die goddelijk geboren was, was sterk geneigd om het leven van een monnik te leiden. Dus op een dag gaf hij alles op en vertrok om sannyasi te worden. Toen Suka wegliep, riep Vedavyasa de naam van zijn zoon. De Natuur beantwoordde zijn roep: de bomen, de planten, de bergen, dalen, vogels en dieren. Zij antwoordden hem allemaal. Maar wat betekent dit precies?

Toen Vedavyasa zijn zoon riep, antwoordde de Natuur, omdat Suka dat Zuivere Bewustzijn is dat in de hele Natuur stil aanwezig is. Vedavyasa riep Suka, maar Suka was niet het lichaam en had daarom geen naam en vorm. Hij was voorbij naam en vorm. Hij bestond in iedereen. De lichamen van alle schepsels waren van hem. Hij was in iedereen en daarom antwoordde alles. Dit is de betekenis van het verhaal.

Voorbij het ego gaan betekent dat je één wordt met het universum. Je wordt zo uitgestrekt als het universum. Je duikt diep in zijn geheime mysteries en realiseert de uiteindelijke werkelijkheid, de Hoogste Waarheid. Je wordt de meester over het universum.

Amma voelde zich nooit op enige manier gescheiden van haar ware Zelf. Dus is het moeilijk om te zeggen op welk tijdstip deze wonderbaarlijke kracht begon te werken. Er was nooit een

moment dat Amma haar eenheid met de Hoogste Kracht niet
ervoer. Vanaf de geboorte wist Amma dat er niets was behalve
God alleen."

Tijdens de tweede wereldtoer ging Amma naast de landen die ze
het jaar daarvoor bezocht had, ook naar Engeland en Duitsland.
Op een dag tijdens Amma's darshan overdag in München maakte
ik een lange wandeling. Onverwachts kwam ik bij een oud paleis
dat tot museum was omgebouwd. Voor het paleis was een vijver
met daarin een aantal grote witte zwanen en reusachtige vissen. Ik
dacht dat Amma het leuk zou vinden die te zien en informeerde
haar daarover na de darshan. Ze werd als een klein kind in haar
verlangen om de zwanen te zien, want in de Indiase geschriften
wordt gezegd dat er zwanen in het Manasarovar-meer in Tibet
zijn bij de beroemde Mount Kailash, wat de legendarische verblijfplaats van Heer Shiva is. Volgens de geschriften hebben zwanen
de unieke mogelijkheid om melk van water te scheiden. Ze zijn
hiertoe in staat door de zure afscheiding in hun bek die de melk
laat schiften en het water achterlaat. Zij zijn symbolisch voor de
eigenschap van onderscheid tussen het echte en het onechte. Wat
is echt en wat is onecht? Dat wat nooit verandert, wat hetzelfde is
in het verleden, het heden en de toekomst, is echt en al het andere
is onecht. Dit is de definitie van Werkelijkheid die de oude wijzen
gaven. Alles in de schepping is een mengsel van beide. Vormen
zijn onecht, maar hun essentie is echt, en die essentie doordringt
alles, als melk in water. Als men in zichzelf onderscheidt wat er
nooit vernadert, zal men de Waarheid vinden.

Op weg naar het avondprogramma gingen we naar de vijver
en Amma rende op de zwanen af. Ze voerde hen stukjes brood die
ze uit haar hand aten. Ze giechelde en lachte als een klein meisje.

Amma bracht tien dagen in de Zwitserse Alpen door, een
paar uur rijden van Zürich. Tijdens haar verblijf daar sprak ze
met een toegewijde die bezeten was door de angst voor de dood.

"God heeft je een geschikte aura gegeven. Die heeft onbeperkte, oneindige energie. Die kan tot iedere omvang opgeladen worden. We kunnen in iedere wereld reizen, zelfs in een wereld zonder lucht. De dood kan getranscendeerd worden. Je bent nooit geboren. Je sterft nooit. Als de ventilator, de koelkast of een gloeilamp kapotgaat, betekent dat niet dat er geen elektriciteit meer is. Op dezelfde manier bestaat de Atman altijd in je. Wees niet bang voor de dood en maak je geen zorgen over het volgende leven."

Iemand anders vroeg: "Amma, iedere dag besteed ik wat tijd aan meditatie, maar ik krijg niet de gewenste resultaten."

Amma antwoordde: "Zoon, je geest is in zoveel dingen verstrikt. Regelmaat en discipline in het leven zijn zeer noodzakelijk voor een spirituele aspirant. Als je zonder dit sadhana doet, hoe kun je er dan baat bij vinden? Als je wat olie in een vat doet en het dan naar een ander vat overbrengt en naar een ander vat en zo verder, dan blijft er uiteindelijk niets over. Waar is het heengegaan? Het is aan de zijkant van alle vaten blijven zitten. Op een zelfde manier zal de kracht die gewonnen is door concentratie op één enkel object, verloren gaan in de doolhof van diversiteit als je na de meditatie verwikkeld raakt in veel wereldse zaken. Als je de eenheid van God in de diverse voorwerpen van de schepping kan zien, dan zul je de kracht die je wint door meditatie, niet verliezen."

Op een dag na Amma's terugkomst in India kwam er een telegram uit Parijs. Het kwam van de Franse brahmachari die Amma's programma's in Europa georganiseerd had. Hij had ongeveer zes jaar in de ashram gewoond toen de regering besloot om zijn visum niet langer te verlengen. Toen hij Amma vroeg wat hij moest doen, zei ze hem dat hij naar Frankrijk moest gaan en lessen over spiritualiteit moest geven. Hij was natuurlijk heel geschokt want hij wilde de rest van zijn leven, net als wij allemaal, bij Amma doorbrengen. In die tijd was er geen aanwijzing dat Amma de wereld rond zou gaan. Wij hadden er in ieder geval geen idee van, hoewel Amma heel goed wist dat ze naar Amerika en Europa zou gaan. Iedereen inclusief Amma wuifde de brahmachari uit op het station bij een afscheid vol tranen. Met slechts een paar dollar op zak en geen noemenswaardige vrienden in Frankrijk keerde hij in een gedeprimeerde stemming naar Parijs terug. Toch had hij het vertrouwen dat alles goed zou aflopen omdat het Amma's wil was dat hij ging. Eerst verbleef hij in een kerk. Toen bracht hij een paar dagen door in het huis van enkele mensen met wie hij daar in contact gekomen was en gaf hier en daar lezingen over Amma en Vedanta, de filosofie van de non-dualiteit. Uiteindelijk bood zijn vader, met wie hij zelfs hiervoor weinig contact gehad had, hem een piepklein, onverwarmd kamertje aan boven in een gebouw dat hij bezat. Hij begon naar verschillende delen van Frankrijk, Engeland, Oostenrijk, Duitsland, Zwitserland, België en Italië te reizen en gaf lezingen in iedere plaats. Hij reisde bijna achtduizend kilometer per maand. Toen het voorstel voor Amma's Amerika-toer kwam, gaven de toegewijden in Europa ook hun enthousiasme te kennen over een bezoek daar en dus nam hij de organisatie daarvoor op zich. Maar door zijn hectische routine en zijn buitensporige reizen, had zijn gezondheid te lijden en uiteindelijk ontwikkelde hij glaucoom aan beide ogen. In zijn telegram aan Amma schreef hij: "De dokters zeggen dat ik door glaucoom blind kan worden. Ik heb geen geld voor een behandeling. Laat Amma's wil geschieden." Toen Amma het telegram las, kwamen er tranen in haar ogen. Ze stond op en ging naar een hoek van de ashram om alleen te zijn. Daar zat ze enige tijd in meditatie. Ze riep toen een brahmachari en vroeg hem naar de dichtstbijzijnde stad te gaan waar een directe telefoonverbinding mogelijk was en de brahmachari in Frankrijk op te bellen en hem te zeggen zich geen zorgen te maken en dat er geld naar hem zou worden gestuurd. Nadat hij teruggekeerd was ongeveer zes uur nadat hij het telefoongesprek gevoerd had, vertelde hij Amma dat de brahmachari juist van de dokter teruggekomen was en dat niet één maar drie doktoren zijn ogen onderzocht hadden en geen symptoom van de glaucoom meer vonden. Dit beschouwden zij als een wonder, maar de Franse brahmachari wist de waarheid dat Amma ingegrepen had.

Een echte guru zal zijn leerlingen aan zware tests van vertrouwen onderwerpen nadat zij een bepaald niveau in hun relatie bereikt hebben. Dit is niet uit wreedheid maar alleen om de leerling uiteindelijk te zegenen met de mogelijkheid om perfect vertrouwen te ontwikkelen, om al zijn slechte karma uit het verleden uit te putten en hem uiteindelijk te bevrijden van de cyclus van geboorte en dood. Het spirituele leven is geen grapje en alleen zij die bereid zijn om voor Godsrealisatie te sterven, moeten zich er volledig op toeleggen, want hoe dieper men gaat, hoe veeleisender het wordt. Er zijn veel verhalen in de wereldliteratuur over de tests waaraan gurus hun leerlingen onderwierpen.

Er is een verhaal over een toegewijde die een rijke landheer was die een heel dorp bezat. Zijn vorm van devotie was de aanbidding van de graftombe van een heilige. Maar op een dag hoorde hij een grote guru tijdens een satsang, wat zo'n diepe indruk op hem maakte dat hij besloot de guru om initiatie te vragen.

De guru was alwetend, maar toch vroeg hij hem wie hij nu volgde, waarop hij de naam van de overleden heilige noemde. "Ik zal je initiatie geven nadat je naar je huis bent teruggekeerd en je pujakamer afgebroken hebt," zei de guru. De toegewijde rende zo snel hij kon naar huis en brak iedere steen van de kamer af. Een aantal mensen die zich verzameld hadden om hem gade te slaan, waarschuwden hem ernstig: "Broeder, je zult zwaar moeten betalen voor de ontheiliging van deze heilige kamer. We zouden niet graag in jouw schoenen staan."

Hij antwoordde moedig: "Ik heb het bewust gedaan en ben bereid om alle consequenties te dragen." Toen hij naar de guru terugkeerde, verleende de meester hem initiatie.

Maar het was voorbestemd dat hij aan nog meer tests onderworpen zou worden. Weldra stierf zijn paard, toen enkele van zijn ossen. Dieven stalen zijn bezittingen. Toen begonnen de mensen hem te beschimpen en zeiden: "Dit is het gevolg van het gebrek aan respect dat je de overleden heilige getoond hebt. Je moet naar je huis gaan en de tempel daar weer opbouwen." Maar niets van dit alles stoorde hem. Hij zei: "Het kan me niet schelen wat er gebeurt. Mijn guru is alwetend en hij weet wat het beste is. Niets kan mijn geloof daarin schokken."

Maar het ene ongeluk volgde op het andere. Weldra was hij niet alleen verarmd, maar hij was veel mensen geld schuldig. Zij eisten allemaal onmiddellijke terugbetaling en zeiden: "Of je betaalt ons, of je verlaat het dorp onmiddellijk." Veel van zijn vrienden verzochten hem dringend: "Als je alleen maar de tempel weer op zou bouwen, dan zouden de zaken zeker een wending ten goede nemen." Maar de toegewijde bleef onvermurwbaar en gaf er de voorkeur aan het dorp te verlaten. Dus hij en zijn vrouw en dochter pakten hun weinige overgebleven bezittingen op en vonden onderdak in een ander dorp. Omdat hij een rijk landheer geweest was, had hij nooit een beroep hoeven leren. Maar nu moest hij geld verdienen en dus begon hij de kost te verdienen door gras te snijden en te verkopen.

Verscheidene maanden gingen op deze manier voorbij. Toen stuurde de guru hem op een dag een brief die door een van zijn leerlingen werd bezorgd. Tegen de leerling zei de guru: "Vergeet alsjeblieft vooral niet om twintig roepie als offergave te vragen voordat je hem de brief geeft. Als hij je niet betaalt, moet je de brief terugbrengen." De toegewijde was verheugd om de brief te zien, maar hij had geen geld om de kosten te betalen. Hij vroeg zijn vrouw wat ze moesten doen en zij zei: "Ik zal mijn sieraden en die van mijn dochter nemen en ze aan de goudsmid verkopen." De goudsmid bood hun precies twintig roepie, die zij aan de leerling gaven. De toegewijde ontving de brief, kuste die en hield hem tegen zijn hart. Op dat ogenblik ging hij in samadhi.

Maar de guru wilde hem nog verder testen en dus zei hij tegen één van zijn leerlingen: "Vraag hem om naar mijn ashram te komen." De toegewijde en zijn gezin renden naar de ashram van de guru en gingen daar wonen. Zij gingen in de keuken werken, maakten vaten schoon en hakten brandhout. Na een paar dagen vroeg de guru: "Waar gebruikt die nieuwe toegewijde zijn maaltijd?" "Hij eet mee met ons allemaal; hij krijgt zijn voedsel in de gratis keuken," antwoordde een leerling. "Het lijkt mij," zei de guru, "dat hij geen echte diensten verleent. Als hij dat zou doen, zou hij niets voor zijn werk terugverwachten. Hij brengt ons zijn loon in rekening, wat hij in de vorm van voedsel ontvangt."

Toen de toegewijde dit van zijn vrouw hoorde, zei hij: "Ik wil niets terug voor de diensten aan de geliefde guru, die mij het onbetaalbare juweel van mijn mantra gegeven heeft. We zullen ons voedsel op een andere manier krijgen." Dus vanaf die dag ging hij iedere nacht naar het bos om hout te hakken. Hij verkocht dat in de bazaar en gebruikte de opbrengst om voedsel te kopen. Overdag bleven zijn vrouw en hij in de keuken werken.

Enige tijd later was hij naar het bos gegaan om hout te hakken toen er een grote storm opstak. De wind was zo sterk dat hij hem en zijn bos hout in een put blies. De guru was zich van alles bewust en riep enkele leerlingen. Hij vroeg hun om een plank te halen en wat touw en hem naar het bos te volgen.

Toen zij het bos bereikten, zei de guru: "Hij zit op de bodem van deze put. Schreeuw naar hem en vertel hem dat we een plank aan een touw laten zakken. Vertel hem dat hij zich aan die plank moet vasthouden en we zullen hem eruit trekken." Hij zei verder nog iets heimelijk aan de leerling die in de put moest roepen.

Nadat de leerling in de put geroepen had, zei hij verder: "Broeder, kijk naar de ellendige situatie waarin je je bevindt. En het is allemaal te danken aan de manier waarop de guru jou behandelt heeft. Waarom vergeet je een guru die zulke dingen doet niet?" "Wat? De geliefde guru vergeten? Nooit!" schreeuwde de toegewijde. "En wat jou betreft, ondankbare man, spreek alsjeblieft nooit meer zo oneerbiedig over de guru in mijn aanwezigheid. Het laat me ondraaglijk lijden om zulke schandelijke woorden te horen."

Men vroeg hem toen om de plank beet te pakken, maar hij stond erop dat het hout eerst uit de put gehaald werd: "Het is voor de keuken van de guru en ik ben bang dat het nat zal worden en niet zal branden," zei hij. Uiteindelijk kwam hij uit de put en stond oog in oog met de Satguru, die tegen hem zei:

"Broeder, je bent door vele beproevingen gegaan en bent ze allemaal met moed, vertrouwen en toewijding aan de Satguru tegemoet getreden. Vraag alsjeblieft om een gift of gunst. Je hebt het verdiend en het zou mij heel gelukkig maken om het je te geven."

Hierbij viel de toegewijde voor zijn geliefde meester op zijn knieën en terwijl de tranen over zijn wangen stroomden, riep hij uit: "Wat voor gunst zou ik kunnen vragen anders dan U alleen? Niets anders kan ooit voor mij van belang zijn."

Toen de guru deze woorden die direct uit zijn hart kwamen, hoorde, omhelsde hij hem en zei:

Je bent de lieveling van je guru,
en de guru is je enige liefde.
Nu ben jij, net als de guru,
een schip dat mensen veilig naar de overkant
van de oceaan van leven en dood draagt.

Later dat jaar besloot mijn neef Ron uiteindelijk dat hij genoeg had van het wereldlijke leven en hij deed zijn zaak van de hand. Vanaf de tijd dat hij Amma ontmoet had, had hij een celibatair leven geleid en steeds meer sadhana gedaan. De laatste keer dat hij Amma ontmoet had, stond hij op het punt om een contract te tekenen om zijn bedrijf te internationaliseren. Toen hij Amma naar haar mening vroeg, zei ze dat als hij werkelijk in spirituele vooruitgang geïnteresseerd was, het beter zou zijn als hij niet dieper in het zakenleven betrokken zou raken dan hij reeds was. Zijn vertrouwen in Amma was zo groot dat hij het contract niet tekende en zo bewust een kans voorbij liet gaan waar iedere andere zakenman op afgesprongen zou zijn. Uiteindelijk verkocht hij zijn zaak en kocht een prachtig stuk land in de heuvels ten zuidoosten van San Francisco. Dit werd Amma's Amerikaanse ashram, het Mata Amritanandamayi Center.

Rond deze tijd kwam een vrouw uit Paripally, een dorp dat ongeveer twee uur ten zuiden van de ashram ligt, Amma opzoeken met het voorstel om haar weeshuis te verkopen. Door armoedige omstandigheden kon ze de instelling niet langer handhaven en de kinderen die daar verbleven ondergingen daardoor veel lijden. Amma antwoordde niet onmiddellijk op dit voorstel want ze wilde de situatie eerst grondig onderzoeken. Men kwam erachter dat het weeshuis inderdaad diep in de schulden zat en dat er een hoop geld nodig zou zijn om het daaruit te halen. De gebouwen waren uiterst verwaarloosd en vervallen. Er waren geen toiletten of badkamers voor de meer dan vierhonderd kinderen die er verbleven. Ze baadden zich naast de bron en lieten het vuile water in de bron teruglopen, wat hen vervolgens met dysenterie besmette. Ze gebruikten iedere beschikbare open plaats om hun behoefte te doen. Hun dieet bestond uit tarwebloem die in balletjes gerold werd en met wat zout gekookt werd. Al met al was het een beklagenswaardig gezicht en daarom besloot Amma uiteindelijk om de verantwoordelijkheid op zich te nemen.

Tijdens Amma's volgende wereldtoer werd het weeshuis volledig opgeknapt. Er kwamen geschikte badkamers en toiletten en er werd een schone en vaste wateraansluiting geïnstalleerd. Er kwam voedzaam eten voor de kinderen en een aantal ashrambewoners die daar gingen wonen, brachten hen een gevoel voor netheid en discipline bij. Zij leerden de kinderen basisgezondheid, yogahoudingen, meditatie en devotioneel zingen. Een deel van het weeshuis bestond uit een verwaarloosde Sanskrietschool die ook gekocht werd. Studenten aan deze school begonnen uiteindelijk eerste prijzen te winnen in veel staatswedstrijden. Uiteindelijk werden er buitenschoolse activiteiten zoals sport, muziek, kunst en drama toegevoegd die door de brahmachari's en brahmacharini's geleid werden.

Hoofdstuk 11

Bevrijding van een groot toegewijde

Ottūr Unni Nambūdiripad was een beroemd dichter, Sanskriet geleerde en toegewijde. Hij was een autoriteit op het gebied van de *Shrimad Bhagavatam*. Ottūrs gedichten die Krishna verheerlijken, zijn erg geliefd en worden overal door toegewijden gewaardeerd. Hij had vele titels en prijzen gewonnen voor zijn prachtige poëzie. Hij ontmoette Amma voor het eerst in 1983 toen hij de viering van haar dertigste verjaardag bijwoonde nadat hij van één van haar toegewijden over haar gehoord had. Ottūr, die toen vijfentachtig was, werd in zijn relatie met Amma als een twee jaar oud kind. Hij beschouwde haar als een incarnatie van zijn geliefde Godheid Heer Krishna, en ook van de Goddelijke Moeder. Hij besloot om de rest van zijn leven in Amma's aanwezigheid door te brengen en begon gedichten over haar te schrijven.

Amma gaf Ottūr de troetelnaam "Unni Kanna" (baby Krishna) vanwege zijn kinderlijke houding tegenover haar. Soms kon men hem luid en uit alle macht in zijn kamer "Amma! Amma!" horen roepen wanneer hij haar wilde zien. Als Amma toevallig in de buurt was, ging ze naar hem toe. Hoewel hij door zijn hoge leeftijd veel leed, deden de momenten met Amma hem zijn lichamelijke kwellingen vergeten.

Nadat Ottūr naar Amma gekomen was, schreef hij het volgende lied:

O Amma,
U bent de belichaming
van zowel Krishna als Kali.
O Amma,
U heiligt de werelden
met Uw glimlach en Uw lied,
met Uw blik, Uw aanraking en Uw dans,
met Uw vreugdevolle gesprekken,
door de aanraking van Uw heilige voeten,
en door de nectar van Uw liefde.

O Amma, die de hemelse klimplant is,
die blij en overvloedig alle purushartha's
van dharma tot moksha schenkt
aan alle bewuste en onbewuste wezens
van Heer Brahma tot aan een grassprietje.

O Amma,
die de drie werelden verbaast,
en alle mensen en de bijen en de vogels,
de wormen en de bomen overstroomt
met de woelige golven van Uw liefde.

Ottūr had slechts één wens. Steeds wanneer hij Amma's darshan ontving, was zijn enige gebed aan haar: "Amma, wanneer ik mijn laatste adem uitblaas, laat mijn hoofd dan op Uw schoot rusten. Dit is mijn enige wens, mijn enige gebed. O mijn Moeder, alstublieft, laat mij sterven met mijn hoofd op Uw schoot." Steeds wanneer hij Amma ontmoette, herhaalde hij dit verzoek.

Kort nadat Ottūr Amma ontmoet had, werd hij een permanente bewoner van de ashram. Hij zei: "Nu weet ik dat God mij niet in de steek gelaten heeft, omdat ik in Zijn aanwezigheid leef en ik mij in Zijn goddelijke liefde koester. Ik voelde me vaak zeer teleurgesteld als ik eraan dacht dat ik niet bij Heer Krishna of één van de grote heiligen kon zijn. Maar nu voel ik dat niet meer, omdat ik geloof dat Amma hen allemaal is."

Net voor Amma's derde wereldtoer in 1989 verslechterde Ottūrs gezondheid. Hij werd erg zwak en zijn gezichtsvermogen ging snel achteruit. Zijn bekende gebed om in Amma's schoot te mogen sterven werd constant. Toen zijn gezichtsvermogen erg slecht werd, zei Ottūr tegen Amma: "Het is prima als Amma mijn uiterlijk zien wil wegnemen, maar Goddelijke Moeder van de hemelen, wees zo vriendelijk om Uw dienaar te zegenen door de innerlijke duisternis te verwijderen en het innerlijke oog te openen. Weiger het gebed van dit kind alstublieft niet."

Hierop antwoordde Amma liefdevol: "Unni Kanna, maak je geen zorgen. Het zal zeker gebeuren. Hoe kan Amma je onschuldige gebed weigeren?"

Ottūr was niet bang voor de dood. Zijn enige vrees was dat hij zou sterven als Amma in het buitenland was. Hij drukte deze angst tegenover Amma uit en zei: "Amma, ik weet dat U overal bent en dat Uw schoot zo groot is als het universum. Toch bid ik U om fysiek aanwezig te zijn wanneer ik mijn lichaam verlaat. Als ik sterf terwijl U weg bent, zal mijn wens om in Uw schoot te sterven niet vervuld worden."

Amma streelde hem liefdevol en antwoordde met grote autoriteit: "Nee, mijn zoon Unni Kanna, dat zal niet gebeuren. Je kunt er zeker van zijn dat je je lichaam pas na Amma's terugkomst zult verlaten." Dit was een grote troost voor Ottūr. Omdat deze verzekering direct van Amma's eigen lippen kwam, geloofde Ottūr sterk dat de dood hem niet kon raken voordat Amma terugkwam.

Na Amma's toer van drie maanden kwam ze in augustus naar de ashram terug. Tijdens haar afwezigheid had Ottūr een behandeling ondergaan in het huis van een Ayurvedische arts.

Moeder met Ottur Unni Nambudiripad

Amma zei hem naar de ashram terug te keren omdat de tijd om zijn lichaam te verlaten naderde.

Op een nacht na Devi Bhava ging Amma naar Ottūrs kamer. Hij was erg zwak, maar blij om haar te zien. Hij huilde als een kind en bad tot Amma: "O Amma, Moeder van het Universum, roep mij alstublieft terug! Roep mij alstublieft snel terug!" Amma streelde zijn hoofd en wreef over zijn borst en voorhoofd om hem te troosten.

Iemand had Amma een nieuwe matras gegeven. Zij wilde dat Ottūr die gebruikte. Nadat Amma die naar zijn kamer gebracht had, pakte ze Ottūrs zwakke lichaam van het bed op en als een moeder die een baby in haar armen draagt, hield Amma Ottūr in haar armen, terwijl de anderen de nieuwe matras op het bed legden. Toen Ottūr deze uiting van Amma's mededogen ervoer, riep hij uit: "O Amma, Moeder van het Universum, waarom overlaadt U dit onwaardige kind met zoveel liefde en compassie? O Amma, Amma, Amma..."

Amma legde hem zachtjes op het bed en zei: "Unni Kanna, mijn zoon, slaap lekker. Amma zal morgenochtend komen."

"O Amma, geef mij de eeuwige slaap," antwoordde Ottūr. Amma keek nog eens liefdevol naar Ottūr voordat ze de kamer verliet. Die nacht dicteerde de dichter een laatste lied:

De artsen behandelden mij en hoopten op genezing,
maar gaven hun nederlaag toe.
Al mijn verwanten zijn wanhopig geworden.
O Moeder, leg mij met tedere liefde op Uw schoot.
Red mij en laat mij nooit in de steek.

O Saradamani, O Sudhamani,
O Heilige Moeder,
leg mij liefhebbend in Uw tedere schoot.

Toon de maan van Ambadi op Uw gezicht.
Talm niet om mij met onsterfelijkheid te zegenen.

Laat Vadertje Maan,- Nanda's zoon,
op Uw lieve gezicht zien
en leg deze kleine Kanna op je schoot.
O Moeder, sus hem in slaap.

Om zeven uur de volgende ochtend liet Amma Ottūrs bediende, Narayanan, komen. Toen hij er was, vertelde ze hem dat Ottūr zijn lichaam binnen enkele uren zou verlaten. Amma zei Narayanan verder dat hij aan zijn oom moest vragen of hij zijn stoffelijke overschot bij de ashram of in zijn geboorteplaats wilde laten begraven. Narayanan ging terug naar de kamer en vertelde zijn oom wat Amma gezegd had. Hoewel zijn stem erg zwak was, antwoordde Ottūr duidelijk terwijl hij nadrukkelijk met zijn hand gebaarde: "Ik wil hier begraven worden, in dit heilige land. Er is geen andere plaats."

Om ongeveer tien uur vroeg Ottūr een brahmacharini die naast hem stond, om Amma te roepen. Ze ging de kamer uit en de volgende minuten kon men Ottūrs lippen zien bewegen terwijl hij constant "Amma, Amma, Amma..." herhaalde. Tijdens dit herhalen ging Ottūr in een samadhi-achtige toestand.

Op dat ogenblik was Amma in haar kamer. Toen de brahmacharini door de deur naar binnen kwam, zei Amma: "Binnen een paar minuten zal mijn zoon Ottūr zijn lichaam verlaten. Maar het is voor Amma nog niet de tijd om daar te zijn. Nu is zijn geest volledig op Amma gericht. Deze intense gedacht culmineert nu in een toestand van *layana* (absorptie). Wanneer dit gebeurt, zal Amma naar hem toe gaan. De intensiteit zou verminderd zijn als Amma eerder naar hem toe gegaan zou zijn." Een paar seconden later verliet Amma haar kamer en ging naar Ottūrs kamer. Amma ging de kamer glimlachend binnen en ging op het bed dicht bij

Ottūr zitten. Met een gelukzalige glimlach op haar gezicht bleef ze naar zijn gezicht staren alsof ze hem zei: "Kom, mijn zoon! Mijn lieveling Unni Kanna, kom en ga op in Mij, je eeuwige Moeder." Zoals Amma eerder in haar kamer voorspeld had, lag Ottūr in een toestand van absorptie. Hoewel Ottūr in een staat van samadhi was, bleven zijn ogen halfopen. Er was geen teken van enige pijn of strijd op zijn gezicht. Men kon gemakkelijk zien hoe geabsorbeerd en gelukzalig hij was. Amma bewoog zich langzaam dichter naar zijn hoofd. Ze tilde het zachtjes op en legde het op haar schoot. En terwijl Amma het hoofd van haar geliefde zoon in haar schoot hield, hield ze haar rechterhand op zijn borst en bleef naar zijn gezicht staren.

Terwijl hij op haar schoot lag, streelde Amma zachtjes zijn oogleden en ze werden voor altijd gesloten. Ottūr verliet zijn lichaam en zijn ziel ging voor alle eeuwigheid in Amma op. Amma boog voorover en gaf een liefdevolle, hartelijke kus op zijn voorhoofd.

Ottūr had vijfentwintig jaar voor Amma's geboorte het volgende gedicht geschreven:

> *Wanneer zal ik de veelbelovende namen van Kanna in mijn oren horen klinken?*
> *En als ik die hoor,*
> *wanneer zullen mijn haren te berge rijzen*
> *en zal ik in tranen gedompeld worden?*
>
> *En in tranen gedompeld*
> *wanneer zal ik zuiver worden?*
> *En in die staat van absolute zuiverheid*
> *wanneer zal ik Zijn namen spontaan zingen?*
>
> *En wanneer ik in extase zing,*
> *wanneer zal ik de aarde en de hemel vergeten?*

En alles vergetend
wanneer zal ik in hoogste devotie dansen?
En als ik dans,
zullen mijn stappen dan de vlekken
van het toneel van de wereld wegvegen?

In die speelse dans
waarbij ik alle vlekken wegveeg,
zal ik luid roepen.
En door die roep
wordt mijn zuiverheid dan
in de acht richtingen gestuurd?

En wanneer het spel opgevoerd is,
wanneer zal ik dan tenslotte
in mijn Moeders schoot vallen?
En op mijn Moeders schoot liggend
wanneer zal ik dan zalig slapen?

Als ik slaap
wanneer zal ik dromen
over de mooie vorm van Sri Krishna
die in mijn hart verblijft?
En wanneer ik ontwaak
wanneer zal ik Sri Krishna zien,
Hij die de wereld betovert?

Nu was dit gedicht vervuld door de al-meedogende Moeder van het Universum.

Amma zat de hele dag naast zijn lichaam terwijl de *Bhagavad Gita* telkens opnieuw gereciteerd werd. 's Avonds droegen de brahmachari's zijn lichaam naar de achterkant van de ashram en cremeerden hem terwijl Amma de hele tijd toekeek. Wat een genade! Mogen wij allemaal zo'n gezegend einde hebben.

Hoofdstuk 12

De geloften van verzaking

In oktober van hetzelfde jaar werd een van Amma's zonen, die bekend was als Balu toen hij in 1979 voor het eerst naar Amma kwam en later brahmachari Amritatma Chaitanya werd, met ceremonies en in een plechtige atmosfeer van devotie en vreugde onder het reciteren van Vedische mantra's en puja in *sannyasa* geïnitieerd. Amma gaf hem de naam Swami Amritaswarupananda Puri. Een andere sannyasi, een toegewijde van Amma met de naam Swami Dhruvananda, verrichtte de traditionele vuurceremonie en andere rituelen. De initiatieriten waren de vorige avond begonnen. Amma was tijdens de hele ceremonie aanwezig, waarbij zij haar zegeningen uitstortte en advies en instructies gaf. De ceremonie was de volgende morgen bij het aanbreken van de dageraad voltooid.

Amma sprak tot de verzamelde toegewijden en zei: "Vandaag is Amma gelukkig omdat ze een zoon in dienst van het welzijn van de wereld heeft kunnen stellen. Het is elf jaar geleden dat Balu voor het eerst naar de ashram kwam nadat hij zijn doctoraalexamens had afgelegd. In die dagen was er Krishna Bhava gevolgd door Devi Bhava. Op een avond tijdens Krishna Bhava hoorde Amma iemand zingen. Plotseling voelde Amma een aantrekking in haar geest. Hoewel ze vele mensen liederen had horen zingen, voelde ze, toen ze deze stem hoorde: 'Dit is alleen een *loka putra* (zoon voor de hele wereld), dit kan alleen een loka putra zijn.'

Hoewel Amma degene die zong in haar geest gezien had, werd ze geïnspireerd om zich te rekken en met haar eigen ogen naar hem te kijken. Toen die zoon voor darshan de tempel binnenkwam, vroeg ze: 'Zoon, waarvoor ben je gekomen? Is het om te weten of je voor je examens zult slagen? Zoon, Amma is gek.' Het eerste wat die zoon zei was: 'Amma, geef mij ook wat van die gekte.' Amma zal iemand niet zo gemakkelijk initiëren, maar Amma's geest fluisterde dat die zoon diezelfde dag initiatie moest ontvangen.

Vanaf die dag kwam hij bijna iedere darshandag. Zijn familie protesteerde. Omdat zijn moeder gestorven was toen hij een kind was, was zijn vader degene die het meest protesteerde. Zijn groot-moeder was degene die het meest van hem hield. Iedere maand gaf ze hem honderd rupies. Toen hij op een dag het geld ging ophalen, vroeg zijn grootmoeder: 'Ga je naar dat meisje in Vallickavu?' Hij kon daar niet blijven door een mengsel van kwaadheid en pijn. 'Heeft ze mijn Moeder niet een meisje genoemd?' Hij gaf het geld terug en verliet onmiddellijk het huis.

Op dezelfde dag dat Amma voor een puja naar een huis ging, zag ze hem daar huilend zitten. Toen Amma vroeg: 'Zoon, waarom huil je?' zei hij: 'Grootmoeder noemde mijn Moeder een "meisje." Hierna hoef ik haar geld of haar liefde niet meer.' Amma zei hem: 'Zoon, Grootma weet niets van Amma af. Daarom zei ze dat. Daarom moet je van haar blijven houden en haar vergeven.'

Toen er na een tijdje niet genoeg geld in de ashram was, begon deze zoon zijn broeken en overhemden te verkopen. Zijn familieleden vonden ook dit niet leuk. Naast het overwinnen van de moeilijkheden bij hem thuis, moest deze zoon de tegenwerking en het gescheld van Sugunanandan Acchan (Amma's vader) en de dorpelingen ondergaan, wanneer hij naar de ashram kwam.

Toen deze zoon op een keer zat te eten, sloeg Sugunanandan het bord uit zijn handen en voer tegen hem uit. Een andere keer scholden de dorpelingen hem uit en bedreigden hem, waarbij ze hem de weg versperden. Zelfs toen was er geen greintje ver-andering in zijn houding. Er was slechts één gedachte: 'Amma,

Moeder zegent Swami Amritaswarupananda
na zijn initiatie in sannyasa

Amma.' Hoezeer zijn familie hem ook tegenwerkte, hij bleef naar de ashram komen. Soms, nadat hij van hier naar huis vertrokken was, kwam hij onmiddellijk met de volgende bus naar de ashram terug vanaf een bushalte halverwege, zonder dat hij zelfs naar huis gegaan was.

In vroeger tijden werd er tijdens Devi Bhava een bedelkom bij de hand gehouden. De geschriften zeggen: 'Men moet leven en daarbij schaamte en trots opgeven.' Je kon de bedelkom alleen zien als je heel zorgvuldig keek. Amma had zich voorgenomen om niemand iets te vragen. Niemand moest denken dat Amma daar voor geld zat. Het geld dat in de bedelkom gestopt werd, was alleen voldoende voor de behoeften van de tempel. Omdat Amma geen ander geld had om voor de kinderen die naar de ashram kwamen te zorgen, ging ze naar de huizen van de buren en bedelde daar. Wat ze kreeg, gebruikte ze om de kinderen en haarzelf te eten te geven.

Toen Nealu hier kwam wonen, zei hij dat hij alles wat voor de ashram nodig was, hier zou brengen, maar Amma stemde er niet mee in. Amma ging opnieuw bedelen. Amma accepteerde Nealu's geld pas nadat hij zijn woord gegeven had dat hij evenveel van iedereen zou houden. Amma stemde pas in toen hij de ashram en de andere kinderen als zijn eigen beschouwde.

De kinderen kwamen in de ashram wonen toen er geen middelen waren voor zelfs één maaltijd per dag. Toch ervoeren ze geen probleem. Omdat ze 's nachts geen plaats hadden om te slapen, sliepen ze tot de dageraad tussen de kokospalmen. Deze kinderen groeiden met zoveel lijden op.

Amritatma had de houding dat Amma zijn biologische moeder was. Hij had nooit het gevoel dat dit een ashram was of dat Amma zijn guru was. Veeleer voelde hij dat dit zijn thuis was. Hij toonde evenveel vrijheid tegenover Amma als hij tegenover zijn biologische moeder getoond zou hebben. Hoe ernstig ze hem ook op zijn kop gaf, er was geen verandering in zijn houding. Toen die houding kwam, begonnen Amma's tests ook. Amma stuurde verschillende vrouwen op hem af om met hem te praten. Dan observeerde Amma zijn geest. Ze moest weten of hij in die situaties gefascineerd of geraakt werd, nietwaar? Maar hij kwam en vertelde Amma openhartig alles wat iemand gezegd had, wat het ook was. We zagen geen geboeidheid in hem.

Op een dag schreef hij: 'Ik ben Amma's slaaf.' Zonder dat hij dit wist, ging Amma naar hem toe en zei: 'Zoon, Amma heeft een wens. Er is lijden en armoe in onze ashram, nietwaar? Vier of vijf kinderen willen hier als brahmachari wonen. Ze zijn voor het welzijn van de wereld gekomen, is het niet? Daarom moet je naar de Perzische Golf gaan. Je moet dit offer voor Amma overhebben. Als je daar een baan krijgt, zou je minstens twee of drieduizend rupies krijgen. Dan kan Amma de brahmachari's opvoeden.' Plotseling veranderde zijn stemming en hij dacht: 'Ben ik daarvoor hier gekomen en heb ik daarvoor het werk opgegeven dat ik had? Ik ben gekomen om sannyasi te worden. Is het niet Amma die zei dat God je zal beschermen als je alles overgeeft? Nu zeg je dat ik naar Perzië moet gaan.' In feite was Amma hem aan het testen. Amma zei hem: 'Zoon, wat heb je een paar minuten geleden opgeschreven? Als je zoveel toewijding hebt, zul je zelfs niet twee keer nadenken, wanneer Amma één woord zegt. Je hebt het stadium om over zoveel devotie te praten niet bereikt. Als je volledige overgave zou hebben, zou je je klaargemaakt hebben om te gaan op het moment dat Amma je gevraagd had te gaan. Dat is de toewijding van een guru-leerling relatie. Wat je nu net opschreef, zijn ijdele woorden geworden, nietwaar? Zoon, met de hoogste aandacht moet je ieder woord zeggen en schrijven.'

Op een dag toen deze zoon terugkwam nadat hij zijn filosofie-examens voltooid had, dacht hij: 'Is God niet in ons? Waarom moeten we dan sadhana doen?' Hij zat alleen en dacht als een filosoof. Amma begreep zijn denkwijze en schreef hem een brief waarin ze zei: 'Liefste zoon, onderaan deze brief heeft Amma het woord "suiker" geschreven. Zoon, je moet Amma laten weten of je zoetheid proeft door het woord op het papier te likken.' Hij vroeg zich af: 'Zou ik zoetheid ervaren als ik het woord "suiker" zou likken? Waarom heeft Amma mij zo'n brief geschreven?' Toen ging Amma naar hem toe en zei: 'Zoon, je zegt dat je Brahman bent en dat God in je is. Als je dit tegen een bandrecorder zegt en dan de afspeelknop indrukt, zal hij ook zeggen "Ik ben Brahman." Wat is het verschil tussen jou en de bandrecorder? Het is niet genoeg om enkel te zeggen wat je geleerd hebt. De zoetheid van suiker moet ervaren worden. Het is niet iets wat onder woorden gebracht kan worden. God is ervaring. Op het ogenblik zijn we alleen een zaadje, geen boom.'

Vanaf de dag dat hij hier kwam tot afgelopen nacht is iedere dag een dag van testen geweest voor Amritatma. Door de genade van de Heer is hij hiervoor geslaagd. Hij is zelfs voor dwaze dingen gestraft. Verscheidene keren liet Amma hem rond de ashram lopen nadat ze een doek voor zijn ogen gebonden had om hem beschaamd te maken. Hoeveel standjes een moeder een kind ook geeft, het kind zal de moeder stevig vastpakken. Als het kind de moeder verlaat, waar kan het dan anders heen gaan? Er is geen andere wereld voor het kind als hij zijn moeder verliest. Hoe meer ze het kind wegduwt, des te steviger zal hij haar vasthouden. Als de moeder dat ziet, zal zij het kind oppakken en een slaapliedje zingen en hem op haar schouder leggen. Dit is de guru-leerling relatie.

Amma gaf Amritatma stevig op zijn kop en beschuldigde hem van fouten die hij niet had gemaakt. Zonder enige reden duwde Amma hem. Maar deze zoon bleef stil zitten zonder zelfs een woord te uiten. Hij verplaatste zich zelfs niet van de plaats waar hij zat of stond. Tenslotte vroeg Amma hem: 'Zoon, waarom zit je onbewogen zonder zelfs een woord te uiten?' Toen zei hij: 'Mijn Moeder kan nooit kwaad op mij worden en ze kan geen hekel aan mij krijgen. U bent van mij en ik ben van U. Dit is een zegen, Uw genade om mijn ego te verwijderen. Amma, zegen mij alstublieft altijd zo.'

Amma weet dat het niet goed is om iemand in zijn aanwezigheid te prijzen. Het zal zijn ego laten toenemen. Maar Amma is daar in Amritatma's geval niet bang voor. Als het gebeurt, is Amma altijd in de buurt om het de kop in te drukken. Hij weet dat. Daarom zou Amma graag nog een paar dingen over hem vertellen.

Vele malen vertelde hij Amma bepaalde dingen die zouden gaan gebeuren. Eens op onze terugweg van Madras in de ashrambus vertelde Amritatma Amma plotseling: 'Amma, het wiel van de bus gaat eraf vallen. Vraag Pai om de bus te stoppen.' Amma herhaalde dit plotseling luid. Pai antwoordde dat hij de bus bij de volgende schaduwrijke plaats tot stilstand zou brengen. Een fractie van een seconde later viel één van de wielen eraf. De bus stuiterde heftig van de weg af, voordat Pai er weer controle over kreeg. De bus kwam in het zand vast te zitten en werd tegen een kilometersteen geklemd. Zonder het zand en de steen zou de bus zeker in de sloot aan de kant van de weg gekanteld zijn. Gelukkig gebeurde er niets ernstigs.

Kinderen, zoals jullie allemaal weten, was het Amritatma die veel liederen die hier gezongen worden, op melodie gezet heeft en hij heeft er ook een paar geschreven. Ook deed hij nooit zelfs de meest onbelangrijke dingen zonder het eerst aan Amma te vragen, zoals zijn haar knippen of een nieuw paar sandalen kopen. Soms als hij toestemming voor iets vroeg, zei Amma niets. Als Amritatma van Amma geen antwoord kreeg, wachtte hij totdat hij toestemming kreeg. Eens verloor hij zijn schoenen en steeds als hij om toestemming vroeg om een nieuw paar te kopen, hield

Amma haar mond. Er gingen zes maanden voorbij en nog steeds liep hij op blote voeten. Toen gaf Amma op een dag toestemming. De guru blijft de leerling observeren terwijl hij hem op zijn kop geeft of beschuldigt van dingen die hij wel of niet gedaan heeft. In het licht van deze ervaringen heeft Amma de overtuiging dat hij zal slagen.

Nu hij sannyasa ontvangen heeft, is hij de zoon van de wereld geworden. Hierna is hij mijn zoon niet meer. Vandaag heeft de Heer mij het grote geluk geschonken om een zoon aan de wereld aan te bieden. Op dit moment denkt Amma aan zijn vader en moeder en groet hen ook. Kinderen, jullie moeten allemaal voor deze zoon bidden. Bid voor hem dat hij kracht mag krijgen. Van nu af is hij niet Amritatma Chaitanya, maar Amritaswarupananda Puri. Amma (die zelf geen sannyasini is) is niet tegen de traditionele geboden van de geschriften ingegaan door hem sannyasa te geven. In de 'Puri' orde is hem sannyasa gegeven door een andere sannyasi. Velen hebben Amma gevraagd of het niet genoeg geweest zou zijn als zij hem sannyasa gegeven zou hebben. Maar Amma zou nooit een aantasting van de traditie van de oude wijzen willen veroorzaken. Amma zal niet tegen de traditie handelen. Amma had het verlangen dat een nederige toegewijde het oker kleed aan Amritatma zou geven. Anders zou het ego 'Ik ben Brahman, ik ben perfect' zich in hem ontwikkelen. Zulke gedachten zullen er niet zijn als een toegewijde het kleed geeft, is het niet? Amma wilde sannyasa geven door een swami van de Ramakrishna-orde. Amma heeft lang geleden gezegd dat een swami van die orde die een toegewijde is, hier zal komen wanneer het tijd is. Op dat moment kwam Swami Dhruvananda. Zijn guru behoorde tot Sri Ramakrishna's directe leerlingen. Hij kwam en deed de vuurceremonie.

Gisteren heeft deze zoon alle begrafenisriten voor hemzelf en voor zijn verwanten verricht. Hij heeft afscheid genomen van zijn vader en moeder. Hij heeft alle riten gedaan die verricht worden als je sterft. Alle vormen van gebondenheid werden opgegeven. Hierna is hij jullie zoon, de zoon van de wereld. Alle plichten die men heeft ten opzichte van bomen, kruipende planten, planten, dieren, vogels en alle andere schepsels werden geëlimineerd. Hij verrichtte de vuurceremonie en bad: 'Maak mij introvert, leid mij naar schittering, spirituele pracht, helderheid, leid mij naar het Licht,' en nam het okerkleed aan als een symbool dat hij zelfs zijn eigen lichaam in het vuur offerde. Hij kreeg ook de naam Amritaswarupananda. Dus vandaag is een goede dag, kinderen. Jullie moeten allemaal bidden: 'Geef deze zoon kracht om aan iedereen in de wereld vrede en rust te geven. Maak hem een weldoener van de wereld.'

Zelfs de adem van een sannyasi moet voor het welzijn van anderen zijn. Er wordt gezegd dat hij zelfs niet voor zijn eigen gerief moet ademen. Het hele lichaam is geofferd in het Vuur van Kennis. Oker is de kleur van vuur. Nu is hij van de aard van het Zelf. We zijn allemaal dat eeuwige Zelf. Hij moet iedereen vereren en hen zien als Devi of een vorm van God. Door mensen te dienen moet God gediend worden. Nu heeft hij geen specifieke God. Deze zoon moet de mensen dienen en hen als God zien. De rest van zijn leven is om hen te dienen. Dat is de activiteit die hij hierna moet ondernemen: om te leven en zijn leven te wijden aan hen die werkelijk de vorm van God zijn. Deze zoon heeft geen realisatie of boetedoening hoger dan dat. Dat is allemaal voorbij. Dien iedereen en zie hen als God. De plicht tegenover God is mededogen tegenover de armen en behoeftigen. Anders heeft het geen zin, hoeveel boete je ook doet. Volmaaktheid kan alleen bereikt worden door die handelingen die je verricht terwijl je aan God denkt.

Toestemming om het land te verlaten kun je niet krijgen zonder paspoort. Dit paspoort van Realisatie moet door dienen verkregen worden. Je kunt niets zonder paspoort krijgen. Nu heeft Amma meer belang gehecht aan dienen. Met iedere ademhaling, kinderen, hebben jullie de gedachte 'Amma, Amma.' Daarom is Amma ervan overtuigd dat jullie iedereen kunnen dienen door hen als God te zien. Kinderen, bidden jullie nu allemaal twee minuten voor deze zoon. Nu is hij geen zoon, maar Swami Amritaswarupananda. O God, laat hem voor niemand in deze wereld een boosdoener worden. Laat hem geen schade brengen aan de grote sannyasa-traditie. Moge hij het geestelijke evenwicht hebben om iedereen als God te zien en hen onbaatzuchtig te dienen."

Hoofdstuk 13

"Ik ben altijd bij je"

Toen men erover begon te praten dat Amma voor de derde keer rond de wereld zou reizen, stond ik in tweestrijd. Aan de ene kant wilde ik India niet graag verlaten en aan de andere kant wilde ik niet graag drie maanden achter elkaar weg zijn van Amma. Ik vroeg Amma wat ik moest doen. Ze zei me dat omdat ik de Indiase nationaliteit had aangevraagd, het beter was dat ik in India was voor het geval er onderzoek kwam van de Indiase regering. Dus besloot ik om te blijven, en zoals Amma aangegeven had, kwam er een brief van de regering waarin men mij om verduidelijking vroeg over mijn vroegere activiteiten. In die tijd ging ik verschillende keren naar het weeshuis om te zien hoe het werk vorderde. Een brahmachari hield een praatje voor de kinderen en vertelde een verhaal over een aantal gevangenen. Hij noemde het soort voedsel dat de gevangenen kregen, wat nauwelijks gekookt deeg was. Toen één van de jongens dit hoorde, stond hij op en zei: "Swami, dit is niet zomaar een verhaal. Voordat Amma dit weeshuis overnam, kregen wij vele jaren lang hetzelfde voedsel. Als gevolg hiervan hadden velen van ons de hele tijd maagpijn en indigestie. Nu hebben wij voor de eerste keer in ons leven goed voedsel en een fatsoenlijke plaats om te wonen." Ik was erg geraakt toen ik de woorden van dit kind hoorde en vond dat dit voldoende reden was dat het weeshuis onder Amma's verantwoordelijkheid gebracht was.

Het volgende jaar besloot ik dat ik liever met Amma op de toer ging dan achterbleef. Maar financieel leek het niet mogelijk. Ik was niet langer nodig op de toer en kon niet verwachten dat de ashram mijn vliegticket zou betalen. Mijn fysieke moeder zou mijn reis waarschijnlijk niet sponsoren omdat ik geen tijd bij haar door zou kunnen brengen. Maar twee maanden voor de toer van 1990 kreeg ik plotseling hernia in een ruggenwervel. De doktoren raadden volledige rust aan. Toen de toegewijden in de ashram in Amerika over mijn conditie hoorden, stelden zij voor dat ik voor behandeling naar Amerika zou gaan, en Amma vond dat dit ook het beste was. Mijn moeder bood aan mijn ticket te kopen. Dus na een maand gerust te hebben werd ik naar San Francisco gestuurd. Verschillende dokters onderzochten me en besloten dat een operatie wat van de pijn kon verlichten. Ik wilde wachten tot Amma's aankomst, dus werd ik pas begin juni geopereerd. Maar de operatie gaf mij niet veel verlichting. Niettemin vergezelde ik Amma op de toer helemaal tot Boston. Toen vroeg ze mij om zolang als ik kon in de Amerikaanse ashram achter te blijven om cursussen over de Indiase geschriften te geven en satsang te geven over haar onderricht. Ze vond dat er wat spirituele ondersteuning voor de bewoners daar nodig was. Toen ik vroeg hoe lang ik moest blijven, zei ze: "Zolang je kunt."

Amma vertrok naar Londen en ik ging terug naar San Francisco. Op de terugweg begonnen alle lichten in het vliegtuig aan en uit te knipperen en de ventilatiegaten begonnen ongecontroleerd lucht uit te blazen. Dit duurde een uur. Het leek erop dat het elektrische systeem niet goed werkte. "Wel Amma," dacht ik, "gaat dit nu het einde van de show worden, nu we niet bij U zijn? Heeft U me daarvoor hier achtergelaten?" Ik sloot toen mijn ogen, herhaalde mijn mantra en probeerde me over te geven aan de wil van God. Maar tegen de tijd dat we San Francisco bereikten, loste het probleem zich op.

Ik bleef in de ashram tot Amma's terugkomst in mei van het jaar daarop. Ik gaf cursussen, en satsangs op zaterdag, werkte voor het driemaandelijks tijdschrift en de voorbereiding van de toer, en ontmoette toegewijden. Ik was constant bezig van 's morgens tot 's avonds, zo bezig dat ik Amma's afwezigheid niet erg voelde omdat ik bezig was haar te dienen. Ik heb door de jaren heen altijd ervaren dat, hoewel fysiek bij Amma zijn een geweldige hulp is voor concentratie en zuiverheid van geest, haar op de een of andere manier dienen mij ook veel energie en geluk geeft.

Velen van ons doen spirituele oefeningen maar lijken zelfs na lange tijd niet veel vooruitgang te maken. Het is ons misschien niet duidelijk waarom dit zo is. We lijken zo oprecht te zijn. Een gesprek tussen Amma en een jongeman die de ashram in Californië tijdens Amma's vijfde wereldtoer bezocht, is in dit opzicht erg verhelderend.

De jongeman vroeg: "Er wordt gezegd dat een spirituele aspirant bepaalde regels en voorschriften zoals die in de geschriften zijn weergegeven, strikt moet volgen. Zijn zij werkelijk noodzakelijk?"

Amma antwoordde: "Op het ogenblik zij wij onderworpen aan de wetten van de Natuur en daarom moeten we die regels in acht nemen als we spirituele vooruitgang willen boeken. Dit is onvermijdelijk totdat we een bepaald stadium in onze sadhana bereiken. In de toestand waarin de Natuur onze dienaar is geworden, zijn regels niet nodig, want er is geen verlies van spirituele energie zelfs als we de regels niet volgen. Maar tot dan toe zijn zij noodzakelijk.

Nadat we een zaadje in de bodem gezaaid hebben, bedekken we het met gaas om het tegen de vogels te beschermen. Anders zullen de zaden opgegeten worden of de jonge scheuten zullen vernietigd worden en zal er niets groeien. Als het zaad eenmaal een grote boom geworden is, zal bescherming kunnen bieden aan vogels, mensen en zelfs olifanten. Op dezelfde wijze zullen regels

Mata Amritanandamayi Center in San Francisco, Californië

die ertoe dienen om ons te beschermen, niet langer nodig zijn als we eenmaal de kracht die in ons verborgen is, ontdekt hebben."

"Zijn regelmaat en standvastigheid in de beoefening nodig om dit te laten gebeuren?" vroeg de jongen.

"Ja, we moeten even veel van regelmaat en standvastigheid houden als dat we van God houden. Iemand die van God houdt, zal ook van discipline houden, maar van deze twee moeten we op de eerste plaats van discipline en regelmaat houden," antwoordde Amma.

"Zij die de gewoonte hebben om thee of koffie op een vaste tijd te drinken, worden rusteloos of krijgen hoofdpijn als ze het niet op de gebruikelijke tijd krijgen. Zij die aan drugs verslaafd zijn, lijden vreselijk als ze hun gebruikelijke dosis niet krijgen. Hun gewoonte herinnert hen er iedere dag op dezelfde tijd aan om dezelfde handeling te herhalen. Op dezelfde manier zal er, als wij regelmaat in een bepaalde activiteit beoefenen, een gewoonte gevormd worden. In het geval van sadhana zal dit een weldaad voor ons zijn, want we worden eraan herinnerd op de juiste tijd sadhana te doen."

De jongeman zei: "Ik doe sadhana, maar ik zie geen enkel profijt."

Amma keek naar hem met een mededogend glimlach en vroeg hem: "Zoon, je wordt vaak kwaad, nietwaar?"

"Ja," antwoordde hij, "maar wat dan nog? Wat is het verband tussen mijn kwaad worden en mijn sadhana?"

"Als iemand sadhana doet zonder trots en kwaadheid op te geven," antwoordde Amma, "zal hij er geen enkel voordeel van kunnen hebben. Zoon, je verzamelt een beetje suiker aan de ene kant en laat dan de mieren binnen aan de andere kant. Wat door jou gewonnen wordt door je sadhana, wordt verspild door je kwaadheid. Maar je bent je niet bewust van dat verlies. Als we de schakelaar van een zaklantaarn tien keer indrukken, zal de lading in de batterijen minder worden. Op dezelfde manier gaat al onze energie verloren door de ogen, oren, neus, mond en alle huidporiën, als we kwaad worden. Door trots en kwaadheid vervliegt onze energie. Maar als we onze geest onder controle houden, zal wat we verdiend hebben, bij ons blijven."

"Kunnen zij die kwaad worden, de gelukzaligheid die door sadhana verkregen wordt, niet ervaren?" vroeg de jongeman.

Amma antwoordde: "Mijn kind, stel je voor dat we water uit een put omhooghalen met een emmer die veel gaten heeft. Tegen de tijd dat de emmer de bovenkant van de put bereikt, zal er geen water meer in zitten, want het water is er door de gaten allemaal uitgelopen. Mijn zoon, jouw sadhana is ook zo. Als je sadhana doet met een geest vol verlangens en kwaadheid, gaat alles wat er gewonnen wordt, voortdurend verloren. Daarom zijn we niet in staat om het voordeel te verwezenlijken, de gelukzaligheid te ervaren of zelfs de grootheid van sadhana te begrijpen. Daarom moet je op de eerste plaats op een eenzame plek zitten om je geest te kalmeren en dan je spirituele oefeningen doen. Blijf ver weg van kwaadheid en verlangens. Dan kun je zeker de bron van grenzeloze energie en gelukzaligheid ervaren."

Kort na Amma's terugkeer van de achtste wereldtoer in augustus 1994, besloot zij om de traditie van het geven van sannyasa aan haar leerlingen voort te zetten. Zes mannen en twee vrouwen ontvingen het oker kleed. Het waren Ramakrishna (Swami Ramakrishnananda), Rao (Swami Amritatmananda), Shrikumar (Swami Purnamritananda), Venu (Swami Pranavamritananda), Satyatma (Amritagitananda), Lila (Swamini Atmaprana) en Gayatri (Swamini Amritaprana). De atmosfeer in de ashram was zeker veranderd sinds de eerste dagen. Hoewel het nog steeds een grote familie was, was er nu veel meer ernst aangaande het spirituele leven. De swami's kregen de verantwoordelijkheid voor verschillende plaatselijke ashrams en van de ashrambewoners werd verwacht dat ze een hoog niveau van spirituele discipline handhaafden. Er werden regelmatige cursussen gegeven over de Vedanta-filosofie en velen werden geïnitieerd in de geloften van *brahmacharya* (celibatair studentenleven). Van de drie of vier van ons die eerst bij Amma woonden, was de ashram uitgegroeid tot bijna vierhonderd permanente bewoners.

Echte ashrams ontstaan zo. Zij worden niet volgens een bepaald plan gebouwd. Zij "gebeuren" rond een mahatma. Zij zijn de werkelijk heilige plaatsen op aarde. De vibraties van de heilige die in het middelpunt van dat alles leeft, doordringen de atmosfeer daar. Voeg hieraan de goede vibraties toe van alle toegewijden en leerlingen die sadhana doen, dan heb je een krachtige omgeving om een spiritueel leven te leiden. Zelfs als Amma fysiek afwezig is kun je de intense vrede van de atmosfeer van haar ashram in Kerala voelen. Deze vibraties zullen nooit verdwijnen zolang er aspiranten op die plaats naar God streven. Zo ontstaan heilige plaatsen.

Nadat Amma deze leerlingen sannyasa gegeven had, sprak ze met mij en vroeg of ik dat ook zou accepteren. Wie was ik om zo iets te beslissen? Hoewel ik de laatste zesentwintig jaar een leven van verzaking had geleden, had ik niet de intentie om sannyasi te worden. Mijn enige wens was om God te realiseren. Maar misschien wilde Amma voor het welzijn van de wereld en om mijn eigen onthechting te vergroten, dat ik het oker kleed accepteerde. Het was uit haar vraag duidelijk dat ze wilde dat ik dat deed. Ik zei zonder te aarzelen "Ja." Omdat ik toen nog in Amerika was zei ze dat ze de ceremonie de volgende keer dat ik naar India kwam, zou organiseren.

Amma had me gezegd dat ik eens in de twee jaar naar India moest terugkeren. Dat was niet alleen voor het genoegen om in de ashram te zijn. Zij vond dat het voor de zuiverheid van mijn geest nodig was dat ik af en toe "mijn batterijen oplaadde." Hoewel de ashram in Amerika op zichzelf een heilige plaats geworden was en vol was van het aroma van de Indiase spirituele cultuur, vond ik ook dat ik regelmatig in de Indiase atmosfeer moest leven. Het gebrek aan een algemene traditie in Amerika maakt het heel moeilijk om een spiritueel leven te handhaven, want de idealen van de westerse samenleving zijn niet gebaseerd op zelfbeheersing, juiste activiteit en toewijding aan God, maar eerder op comfort, genot en de superioriteit van het menselijke intellect. Als je met witte kleren aan in een ruimte zou gaan waar houtskool ligt opgeslagen, moet je wel vuil worden, hoe weinig het ook is. Nadat ik meer dan de helft van mijn leven in de traditionele cultuur van India geleefd had, vond ik die bevorderlijk voor mijn spirituele vooruitgang. Nadat ik enige tijd op min of meer permanente basis in Amerika gewoond had, begreep ik ook de wijsheid van het regelmatig bezoeken van India en daar een tijdje blijven.

De sannyasa-ceremonie werd eind augustus 1995 verricht. De eerste dag was de ceremonie van het scheren van het hoofd en het verrichten van je eigen begrafenisriten aan de rand van de oceaan. De volgende dag begon de vuurceremonie om drie uur 's morgens. Hij werd geleid door Swami Amritaswarupananda. Door voortdurende fysieke problemen met mijn rug en spijsverteringsorganen onderging ik veel lijden. Ik was eenvoudig niet in staat om zo veel uren te zitten. Toch besloot ik, wat ik vele andere keren in mijn leven gedaan had, dat ik "het zou doen of sterven."

Amma kwam om ongeveer zes uur naar de vuurceremonie. Hoewel ik "geen gezichten trok," kon ze onmiddellijk zien dat ik veel pijn had. Ze wendde zich tot mij en zei: "Nog maar één uur." We waren met zijn vijven, dus duurde het best lang. Het was eerder twee of drie uur voordat de ceremonie over was. Tenslotte gaf Amma ons onze nieuwe oker kleren, zegende ons en stuurde ons naar de oceaan om de ceremonie daar af te maken. Nadat we naar de ashram teruggekeerd waren, bedelden we bij

de toegewijden om voedsel en brachten toen weer wat tijd met
Amma door. Ze keek naar me, glimlachte en zei: "Ben je gestorven? Arme jongen!" "Nee Amma," antwoordde ik. "Maar veel
van mijn slechte karma uit het verleden is door de beproeving
van vandaag verbrand." Toen Amma dit hoorde, lachte ze. Ik
wou dat ik daar als de anderen gelukzalig had kunnen zitten,
maar ik was tenminste niet verdrietig door de pijn die ik moest
ondergaan. Ik zag het als een nieuwe gelegenheid om onthechting
van het lichaam te

beoefenen. Amma gaf mij de naam Swami Paramatmananda. De anderen die op die dag sannyasa ontvingen, waren:
Unnikrishnan (Swami Turiyamritananda), Damu (Swami Pra-
jnanamritananda), Unnikrishnadas (Swami Jnanamritananda),
en Saumya (Swamini Krishnamrita Prana).

Iedere dag wandelde ik bij Amma's kamer omdat dat de rustig-
ste plaats in de ashram was. De meeste andere gebieden waren
gewoonlijk vol mensen, maar het gebied rond Amma's kamer
werd over het algemeen vrij gehouden om Amma niet te veel
te storen. Toen ik in een meditatieve stemming op en neer liep,
kwam Amma de trap af op weg naar het zingen 's avonds en Devi
Bhava. Ik was ongeveer dertig meter van Amma vandaan toen ik
haar opmerkte. Gewoonlijk loopt ze heel snel als ze ergens heen
gaat. Deze keer stond ze stil en keek naar me. Hoewel ik niet
de bedoeling had om naar haar toe te gaan omdat ik wist dat
ze haast had, voelde ik een intens verlangen om naar haar toe te
rennen met mijn hart vol liefde voor haar. Ze stond daar gewoon
te wachten. Ik rende bijna en viel aan haar voeten. Ze glimlachte
en zei: "Mijn zoon, waarom zing jij vanavond tijdens de darshan
niet?" "Goed, Amma," antwoordde ik. In feite had ik er net
over gedacht dat ik tijdens de darshan niet had kunnen zingen
omdat er zoveel anderen waren die dat wilden. Ik vond dat het
egoïstisch van mijn kant zou zijn om hun de kans te ontnemen

Moeder met Swami Paramatmananda na
de sannyasa initiatieceremonie

om voor Amma te zingen. De kracht van Amma's alwetendheid en de kracht om mij opnieuw naar haar toe te trekken maakten indruk op mij.

Kort hierna begon Amma mij te vragen wanneer ik terug zou gaan naar Amerika. Ik was slechts een paar weken in India geweest! Waarom zo'n haast? Ik zinspeelde hierop bij Amma zonder gebrek aan respect te tonen. "Okay, je gaat wanneer je er zin in hebt," zei ze. Maar de volgende drie weken vroeg ze me telkens weer wanneer ik zou gaan. Er was niet veel voor nodig om te begrijpen dat mijn werk in Amerika lag. Het leek erop dat Amma wilde dat ik mijn eigen geluk totaal vergat en zonder enig eigenbelang diende.

Ik ging op een morgen naar haar kamer om wat tijd in haar aanwezigheid door te brengen. Ze begon met mijn terugkeer naar Amerika te bespreken waarop ik zei: "Amma, ik heb bijna zes jaar bij U vandaan doorgebracht. Waarom moet ik twintigduizend kilometer van U, de Goddelijke Moeder zelf, vandaan wonen, terwijl U Uw goddelijke drama hier opvoert? En nu moet ik na zo'n kort verblijf weer gaan. Is dit mijn toekomst?"

Amma keek aandachtig naar me, maar liefdevolle genade scheen in haar ogen. Ze zei: "Zoon, je bent voor Godsrealisatie naar mij toegekomen. Moet men zijn geest niet op God gericht houden, waar ter wereld men ook mag zijn? Denk nooit dat Amma's genade niet bij je is. Je bent nooit bij Amma vandaan. Vergeet nooit dat waar je ook heen mag gaan in dit universum, nu of na de dood, Amma altijd aan je zijde zal staan."

Toen ik Amma's woorden hoorde, vulde mijn hart zich met emotie bij de gedachte aan haar eeuwige liefde en Goddelijkheid. Ik kon niets meer zeggen. Ik boog voor haar voeten en ging weg, bedroefd bij de gedachte aan de naderende fysieke scheiding, maar vol vertrouwen dat Amma altijd bij me zou zijn en mij op de juiste tijd uit de donkere nachtmerrie van geboorte, dood en wedergeboorte zou wakker maken voor het stralende licht van Zelfkennis.

Woordenlijst

Advaita: filosofie van non-dualisme die beweert dat alleen de Ene Realiteit bestaat.

Arunachala: heilige berg in zuid India die als een concrete manifestatie van Heer Shiva beschouwd wordt.

Atman: het Zelf.

Avadhuta: een heilige die alle regels en normen van de samenleving en van religie getranscendeerd heeft door de realisatie van Eenheid.

Avatar: een incarnatie van God.

Ayur Veda: Indiase wetenschap van lang leven en geneeskunst.

Bhagavad Gita: Lied van God, bestaat uit een gesprek tussen Heer Krishna en Zijn toegewijde Arjuna.

Bhajan: devotioneel lied.

Brahma: de absolute realiteit voorbij namen en vormen.

Brahma Sutra's: beknopt filosofisch geschrift over de absolute realiteit door Veda Vyasa.

Brahmachari: celibataire mannelijke student.

Brahmacharini: celibataire vrouwelijke studente.

Brahmaan: één van de vier kasten.

Vrindavan: het dorp waar Heer Krishna opgroeide.

Chaitanya: bewustzijn.

Darshan: heilige audiëntie.

Dipam: lichtfestival dat ieder jaar in december bij Arunachala gevierd wordt.

Devi: Godin of Goddelijke Moeder.

Devi Bhava: stemming van de Godin of Goddelijke Moeder.

Devi Mahatmyam: poëtisch werk over Devi's grootheid.

Dharma: juistheid, rechtvaardigheid.

Dhoti: doek die als een sarong om de lendenen gevouwen wordt.

Ganesha: God die obstakels verwijdert, zoon van Shiva.

Gopi's: herderinnen van koeien toegewijd aan Heer Krishna.

Grihasthashrama: levensstadium waarin men een gezinsleven leidt.

Grihasthashrami: iemand die een gezinsleven leidt.

Guru: spirituele gids.

Gurukula: een school geleid door een guru.

Japa: herhaling van een mantra.

Jivanmukta: een bevrijde ziel, iemand die tijdens zijn leven bevrijding vindt.

Jivatman: individuele ziel.

Kabir: heilige in de zestiende eeuw in Noord India.

Kalari: altaarkamer.

Kali Bhava: de woeste stemming van de Godin Kali.

Kanyakumari: Kaap Comorin, de zuidelijke punt van India.

Karma: handeling, activiteit.

Karma Yoga: spirituele oefening waarbij men activiteit verricht als een offergave aan God, zonder gehechtheid aan het resultaat.

Krishna: een incarnatie van God die 5000 jaar geleden in India woonde.

Krishna Bhava: stemming van Krishna.

Kundalini Shakti: de spirituele kracht die onder in de rug verborgen ligt en die door spirituele oefeningen wakker gemaakt kan worden.

Lakshya bodha: doelgerichtheid van de geest.

Layana: absorptie.

Lila: spel of drama.

Linga: een symbool voor Heer Krishna.

Loka putra: zoon van de wereld.

Mahatma: grote ziel.

Mantra japa: herhaling van een mantra of van heilige lettergrepen.

Mudra: mystieke houdingen van de hand.

Muladhara chakra: het spirituele centrum onder in de rug.
Naga: slangengodheid.
Parashakti: hoogste energie.
Parvati: echtgenote van Heer Shiva.
Patanjali Yoga Sutra's: werk over de Yoga-filosfie dat uit de acht ledematen van yoga bestaat.
Prana Shakti: levenskracht.
Prasad: gewijde of gezegende offergave.
Puja: rituele aanbidding.
Rasa Lila: de extatische dans van Krishna en de gopi's.
Sadhana: spirituele oefening.
Sahaja samadhi: natuurlijke toestand van absorptie in het Zelf.
Samadhi: absorptie van de geest in de Realiteit.
Sannyasa: formele gelofte van verzaking.
Sannyasi: iemand die de gelofte van verzaking heeft afgelegd.
Sanskriet: de taal van het oude India.
Satguru: gerealiseerde meester.
Satsang: gezelschap van heiligen.
Shakti: energie.
Shiva: God als vernietiger.
Shrimad Bhagavatam: het verhaal van Krishna's leven.
Siddhi's: mystieke of paranormale vermogens.
Suka: de jonge heilige uit het oude India die de Shrimad Bhagavatam vertelde.
Tapas: boetedoening of ascese.
Tiruvannamalai: heilige stad bij Arunachala in Zuid India.
Upanishaden: afsluitende deel van de Veda's over de filosofie van non-dualisme.
Vasana's: gewoonten of achtergebleven indrukken.
Veda Vyasa: auteur van de Shrimad Bhagavatam, Mahabharata, Brahma Sutra's en andere oude teksten.

Vedisch: betrekking hebbend op de Veda's, de Openbaring van de Hindus.

Vishnu: God als instandhouder.

Yoga Vashishta: oud werk over Vedantische filosofie.